Klick! Musik 1/2

Herausgegeben von
Axel Schmidt, Berlin/Brandenburg

Erarbeitet von
Axel Schmidt, Berlin/Brandenburg
Adelheid Klauer, Hessen
Claudia Dippon, Baden-Württemberg
Oliver Tillmann, Niedersachsen
Gabriele Klatt, Berlin/Brandenburg

Inhalt

	Thema und Seite	Förderaspekte	Fächerbezüge	Hörbeispiele
4	Klänge und Geräusche	• assoziatives Hören und Gestalten • Verbindung von Sprechrhythmus und Bewegung (Füße und Hände)	DEU, SU → Tagesablauf, Schulweg	Geräuschgeschichte 1–8
6	Körperinstrumente	• koordinative Grunderfahrungen • seriale Wahrnehmung (Abfolgen) • Körperbewusstsein (Körperschema)	MA → Körperschema SU → Mein Körper	Das Flummilied 9 We Will Rock You 10
8	Instrumente kurz und lang	• Sensibilisierung für Klangerfahrungen und Klangeigenschaften • Stärkung sozialer Kompetenzen beim Klassenmusizieren	SU → Schallerfahrungen, Materialbeschaffenheit	Kurz- und Langklinger 11
10	Langsam und schnell	• Koordination von Auge-Hand und Stimme (Tempi) • Bewegungsplanung und Bewegungssteuerung • Mundmotorik	MA → Zählen SP → Grundbewegungsarten SU → Räume entdecken	Eisenbahnfahrt 12 Mit der Bummelbahn 13 Wir fahren mit der Eisenbahn 14
12	Laut und leise	• Bewegungssteuerung und Kraftdosierung • auditive Differenzierung • Abstraktionsfähigkeit (Symbolbildung)	SP → Gehen, schleichen MA → Größer – kleiner	Herr Laut/Herr Leis ging mal spazieren 15 O Fortuna 16
14	Teile A und B	• assoziatives Hören • individuelle Ausdrucksfähigkeit (Bewegung und freies Spiel auf Instrumenten) • metrisch-rhythmische Grundlagen	SU → Jahreszeiten, Herbst, Naturphänomene DEU → Artikulation	Ballade 17 Vom Himmel fällt der Regen 18 Regentag 19
16	Dunkel und hell	• auditive Differenzierung • Auge-Hand Koordination • Stärkung sozial-emotionaler Kompetenzen • Entspannung	DEU, REL → Geschichte von St. Martin KU → Laterne basteln	Leuchte mir, Laterne 20 Durch die Straßen 21 Hombre y mujer 22
18	Hoch und tief	• Auge-Hand Koordination • auditive Differenzierung • metrisch-rhythmische Grunderfahrungen	DEU, SU, REL → Advent MA → Raum-, Lagebeziehungen oben und unten, etwas wird mehr, etwas wird weniger	Westminstergeläut 23 Hohe und tiefe Glockentöne 24 Von Westminster die Glocken klingen 25
20	Kreistanz	• Auge-Hand Koordination • metrisch-rhythmische Grunderfahrungen in der Bewegung u. im Instrumentalspiel • Bewegungssteuerung und Gleichgewicht	DEU, SU → Vorweihnachtszeit, Bräuche MA → Zahlenreihe bis 8 REL → Schenken und beschenkt werden	Dicke rote Kerzen 26 Song of the Heart 27
22	Musik kann etwas ausdrücken	• metrisch-rhythmisches Sprechen • Körperspannung • assoziatives Hören und Gestalten • Artikulation	DEU, SU → Tiere im Winter MA → Ordnungszahlen	Kleine Meise 28 Largo aus Der Winter 29 Tierspuren 30, 31, 32 Schneemann-Rap 33 Playback 34

Thema und Seite	Förderaspekte	Fächerbezüge	Hörbeispiele
24 Musik macht Spaß 	• positive Grundstimmung und Freude • Rollenspiel • Bewegungssteuerung, Gleichgewicht und Raumorientierung	DEU, SU → Brauchtum SP → Körperkoordination	◎ Luftballon-Tanzmedley 35 ◎ Polonaise 36 ◎ Fasching feiern wir 37
26 Vogelstimmen 	• metrisch-rhythmisches Sprechen • auditive Differenzierung • Sensibilisierung für Klangerfahrungen • Artikulation	DEU, SU → Jahreszeiten, Frühling, Vogelstimmen	◎ Singt ein Vogel … 38 ◎ Drei Vogelstimmen 39 ◎ Der Kuckuck aus der Tiefe des Waldes 40
28 Einer und alle A E I O U	• metrisch-rhythmisches Sprechen • phonologische Bewusstheit • Artikulation	DEU → Leselehrgang	◎ Vokal-Rap 41 ◎ Playback 42
30 Genau hören 	• auditive Aufmerksam- u. Merkfähigkeit • Richtungshören und selektives Hören (Figur-Grund Wahrnehmung) • Erweiterung der stimmlichen Ausdrucksfähigkeiten	DEU, SU → Verkehrserziehung	◎ Verkehrsgeräusche 43 ◎ Fahrradtour 44
32 Musik kann etwas erzählen 	• assoziatives Hören • metrisch-rhythmische Grundlagen • Feinmotorik (Hand-Fingermotorik) • Ensemblespiel als Gemeinschaftserlebnis	DEU → Wünsche, Träume, Fantasien	◎ Conquest of Paradise 45 ◎ Wir segeln übers weite Meer 46
34 Rondo 	• Auge-Hand Koordination • Ensemblespiel als Gemeinschaftserlebnis	DEU, SU → Sommer MA → Formen und Muster	◎ Sommerlied 47 ◎ Eurovisionsmusik 48 ◎ Prelude aus dem Te Deum 49
36 Musikalisches Märchen (Projekt)  	• szenisches Spiel als Gemeinschaftserlebnis • assoziatives Hören und Bewegungsgestaltung • Merkfähigkeit	DEU → Märchen KU → Stabpuppen basteln, Kulissen gestalten	◎ Brüderchen, komm tanz mit mir 50 ◎ Rallalala … 51 ◎ Marsch! Fort in den Wald! 52 ◎ Ein Männlein steht … 53 ◎ Knusper, knusper Knäuschen 54

SU = MNK / REL = ETIK

Werkstatt

38 Unsere Stimme ◎ 55
40 Unsere Musikinstrumente ◎ 56, 57
42 Unsere Musikstunde 1
44 Unsere Musikstunde 2 ◎ 58, 59
46 Blockflöte und Keyboard

Liedanhang

48 Begrüßen und verabschieden ◎ 60
50 Miteinander
54 Munteres Kunterbunt ◎ 61
58 Jahreszeiten ◎ 62
60 Feste ◎ 63
62 International ◎ 64
64 Alphabetisches Liedverzeichnis

Beilage

Auf dem Bauernhof – Hörspaziergang ◎ 65, 66
(Vorderseite)

Im Park – Suchbild
(Rückseite)

Klänge und Geräusche

1 Geräuschgeschichte 🔘 1–8

2

Guten Morgen, guten Morgen,   guten Tag, guten Tag.   Schule hat begonnen, Schule hat begonnen,   jetzt gehts los, jetzt gehts los.

1 **Geräuschgeschichte** 🔘 1–8   Klänge und Geräusche erkennen und zuordnen
2 Liedmelodie von **Bruder Jakob** singen und mit Körperinstrumenten (im Sprechrhythmus) begleiten

Körperinstrumente

1

Alle meine Finger ‖:klopfen wie ein Specht.:‖
Einer nach dem andern,
das klingt gar nicht schlecht.

Alle meine Hände ‖:patschen auf die Knie.:‖
Kreuz ich sie beim Patschen,
bin ich ein Genie.

2 Das Flummilied 🎵 9

W.: Lore Kleikamp · M.: Detlev Jöcker

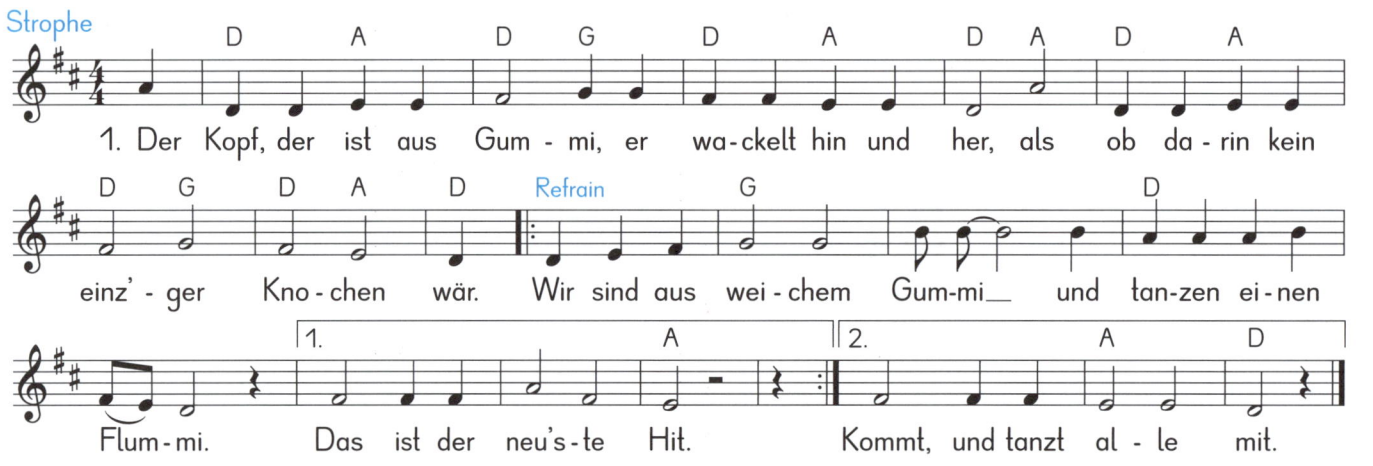

Strophe
1. Der Kopf, der ist aus Gum-mi, er wa-ckelt hin und her, als ob da-rin kein einz'-ger Kno-chen wär. Wir sind aus wei-chem Gum-mi und tan-zen ei-nen Flum-mi. Das ist der neu's-te Hit. Kommt, und tanzt al-le mit.

2. Die Schultern …

3. Die Hände …

4. Die Hüften …

5. Die Beine …
   …

1 Liedmelodie von **Alle meine Entchen** singen und mit Körperinstrumenten begleiten
2 **Das Flummilied** 🎵 9 singen und sich zum Lied bewegen

 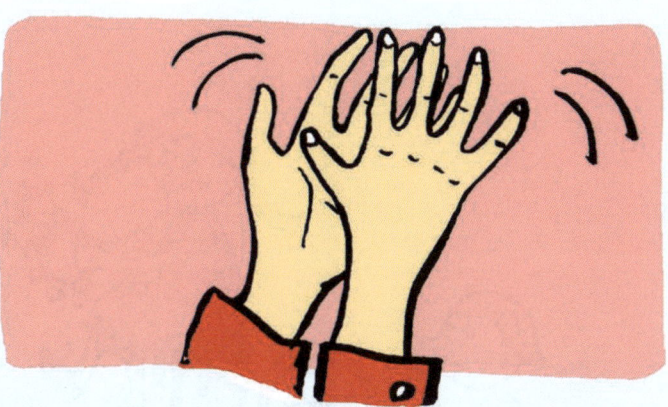

Alle meine Füße ‖:trappeln wie ein Pferd.:‖
Ist es einmal müde,
macht es einfach kehrt.

Alle meine Hände ‖:klatschen laut Applaus.:‖
Danke für die Lieder,
für den Ohrenschmaus.

3

4 We Will Rock You 🔘 10

kurz

kurz

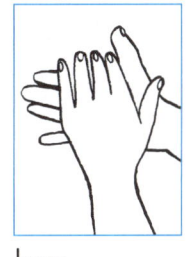
lang

KV

3 einfache Rhythmen zusammenstellen und spielen
4 **We Will Rock You** von Queen 🔘 10 hören und mit Körperinstrumenten begleiten

Instrumente

1

Metallinstrumente

Holzinstrumente

Fellinstrumente

2

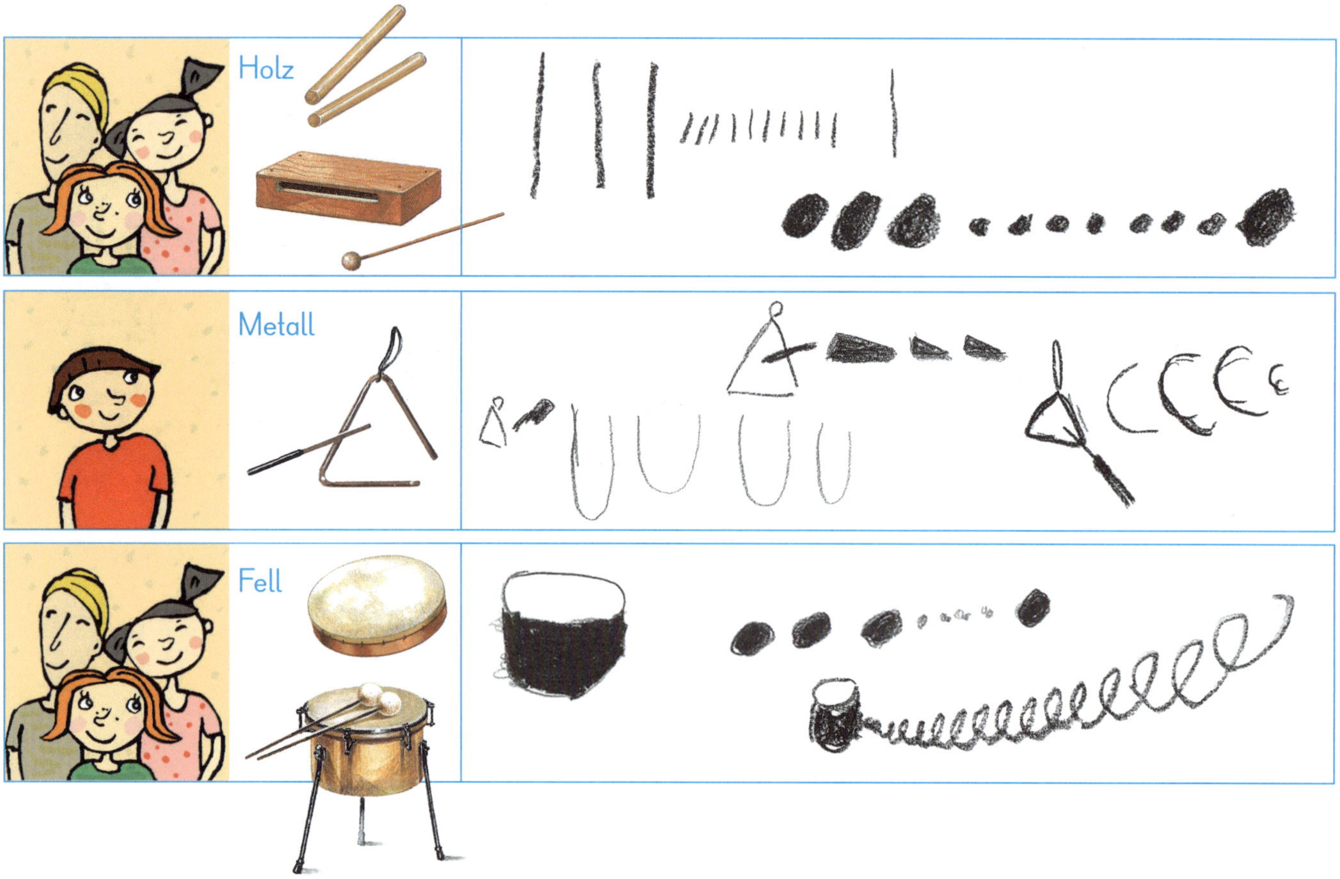

Holz

Metall

Fell

1 erproben und ordnen unterschiedlicher Musikinstrumente · vergleichen und unterscheiden von Spielweisen und Klangeigenschaften
2 Zeichen für unterschiedliche Klänge finden und danach musizieren (Einzel- /Gruppenspiel)

Kurz und lang

Kurzklinger

Langklinger

3 Kurz- und Langklinger 🔘 11

3 **Kurz- und Langklinger** 🔘 11   kurz und lang unterscheiden
4 nach Spielregeln musizieren (hören, erkennen, merken)

Langsam und schnell

1 Eisenbahnfahrt 🔊 12

1 **Eisenbahnfahrt** 🔊 12   Zugtempi hören, unterscheiden und sich dazu bewegen
1–2 mit dem Finger die Zugstrecke „nachfahren" (Berg hoch = langsamer werden, Berg runter = schneller werden)
3 Würfelspiel (mit der Stimme an den Stationen Geräusche imitieren)

tsch tsch tsch tsch tsch tsch tsch

4 Mit der Bummelbahn 🔴 13

W.: Margarete Jehn • M.: Wolfgang Jehn (gekürzt)

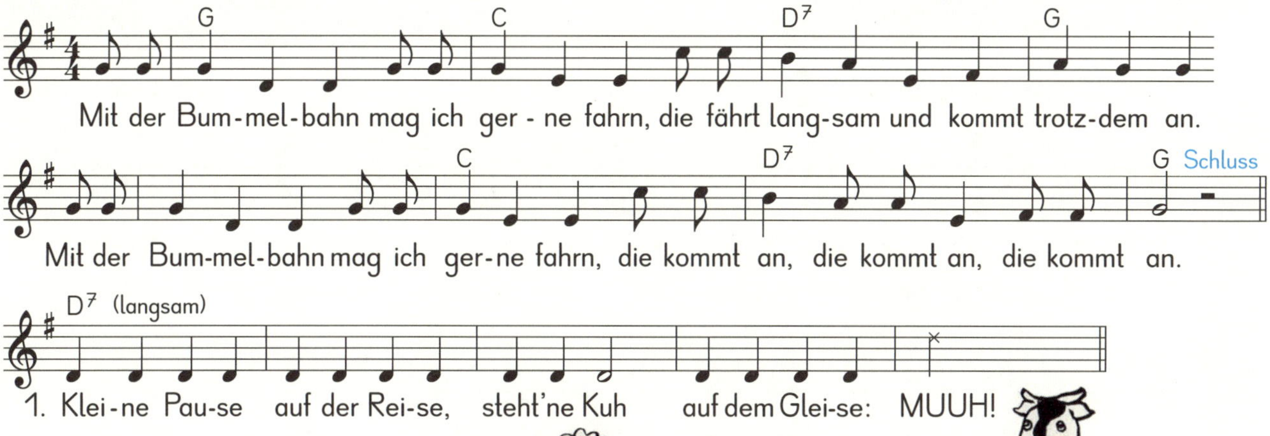

Mit der Bum-mel-bahn mag ich ger-ne fahrn, die fährt lang-sam und kommt trotz-dem an.

Mit der Bum-mel-bahn mag ich ger-ne fahrn, die kommt an, die kommt an, die kommt an. **Schluss**

D⁷ (langsam)

1. Klei-ne Pau-se auf der Rei-se, steht 'ne Kuh auf dem Glei-se: MUUH!
2. … geht ein Schaf auf dem Gleise: määh!
3. … schläft 'ne Katze …: miau!
4. … kräht ein Hahn …: kikeriki!

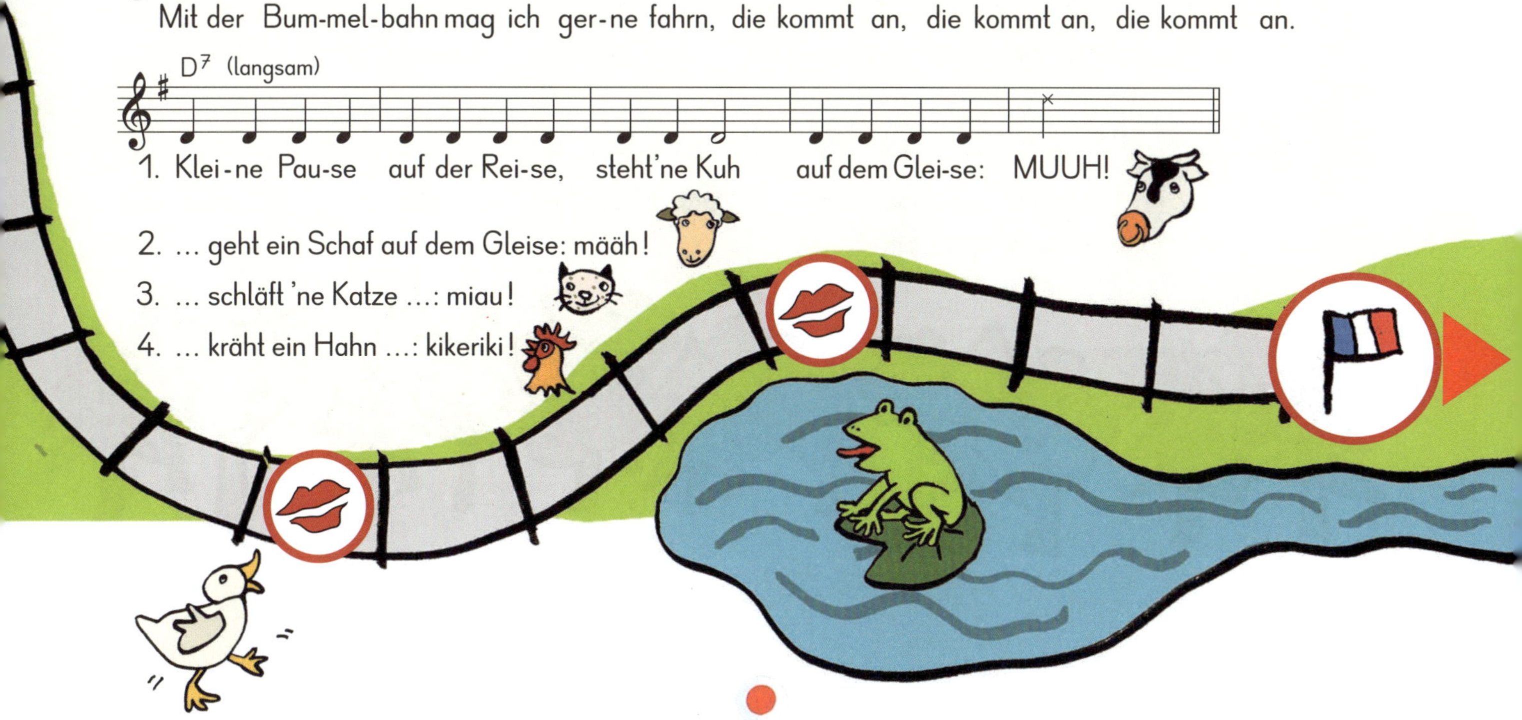

© Worpsweder Musikwerkstatt

5 Wir fahren mit der Eisenbahn 🔴 14

---

4 **Mit der Bummelbahn** 🔴 13 singen und darstellen
5 **Wir fahren mit der Eisenbahn** von Gerhard Wohlgemuth 🔴 14 hören, beschreiben und darstellen

Laut und leise

1

2

Laut spielen ⬤.   Außerhalb von ⬤ und ◯ = Stille.   Leise spielen ◯.

1 **Herr Laut ging mal spazieren** 15 Lied im szenischen Spiel singen und darstellen
2 musikalische Kontraste (laut und leise) hörbar, sichtbar und erfahrbar machen · mit Instrumenten nach grafischen Zeichen spielen

Stampft wie Herr Laut ...   Schleicht wie Herr Leis ...

3　O Fortuna　🔘 16

Immer leiser spielen

3　**O Fortuna** aus **Carmina Burana** von Carl Orff　🔘 16　laut und leise wiedererkennen
4　laut – leise und lauter – leiser werden unterscheiden und anwenden

Teile A und B

1 Ballade  17

2 **Vom Himmel fällt der Regen** 🎵 18

W.: James Krüss · M.: Heinz Lemmermann (gekürzt)

Teil A: Vom Himmel fällt der Regen und macht die Erde nass,
die Steine auf den Wegen, die Blumen und das Gras.

Teil B: Die Sonne macht die Runde in alt-gewohntem Lauf und
saugt mit ihrem Munde das Wasser wieder auf.

Bewegungsklang

3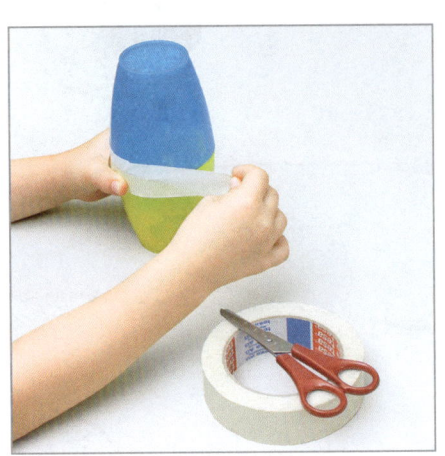

1 **Ballade** von Ciprian Porumbescu 🎵 17 Musik hören und darüber sprechen
2 **Vom Himmel fällt der Regen** 🎵 18 Lied singen und mit Bewegung gestalten, Teile A und B unterscheiden
3 mit einem selbst gebastelten Instrument (Rassel) zum Lied musizieren

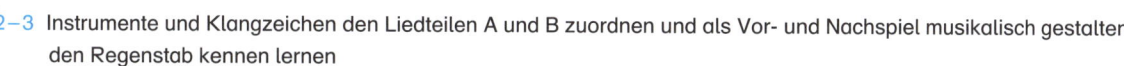

4 Regentag 🎵 19

 Re gen trop fen, Re gen trop fen – plitsch, platsch, plitsch, platsch.

 Re gen wür mer, Re gen wür mer – glitsch, glatsch, glitsch, glatsch.

Re gen wet ter, Re gen wet ter – pitsch - nass, pitsch - nass.

2–3 Instrumente und Klangzeichen den Liedteilen A und B zuordnen und als Vor- und Nachspiel musikalisch gestalten · den Regenstab kennen lernen

4 **Regentag** einfache Sprechverse 🎵 19 Sprechverse mit Stimme und Körperinstrumenten gestalten · Sprechrhythmus / Metrum einhalten

Dunkel und hell

1 **Leuchte mir, Laterne** 20 Lied singen, helle und dunkle Klänge unterscheiden
2–3 neue Instrumente kennen lernen und mit Tönen Vor- und Nachspiel musizieren (Schlägelhaltung, Spieltechnik)

4 **Durch die Straßen** 🔘 21   W.: Lieselotte Holzmeister · M.: Richard Rudolf Klein

1. Durch die Straßen auf und nieder leuchten die Laternen wieder,
rote, gelbe, grüne, blaue, lieber Martin, komm und schaue.

2. Wie die Blumen in dem Garten blühn Laternen aller Arten,
rote, gelbe, grüne, blaue, lieber Martin, komm und schaue.

3. Und wir gehen lange Strecken mit Laternen an den Stecken,
rote, gelbe, grüne, blaue, lieber Martin, komm und schaue.

Aufführung

5 **Hombre y mujer** 🔘 22

---

4 **Durch die Straßen** 🔘 21   Lied singen und begleiten
5 **Hombre y mujer** von hop o' my thumb 🔘 22   malen und zur Musik entspannen

Hoch und tief

1 Westminstergeläut 🎵 23

Hohe und tiefe Glockentöne 🎵 24

2

1 **Westminstergeläut** 🎵 23   **Hohe und tiefe Glockentöne** 🎵 24   Glockentöne hören und unterscheiden (hoch und tief)
2 helle und dunkle Vokale singen (ding-dong) · zu den Glockentönen (Schwingungen) entsprechend bewegen (pendeln)

3 Von Westminster die Glocken klingen (Kanon) 🔘 25   Aus England

Von West-mins-ter die Glo-cken klin-gen ding dong ding dong dong.

Von West-mins-ter die Glo-cken klin-gen ding dong ding.

4 Liedbegleitung

| f | f | f | f | 2 x

1. Stimme

| f | c | f | c | f | c | f | c | 2 x

2. Stimme

3 **Von Westminster die Glocken klingen** 🔘 25   Lied singen und begleiten
4 Lied erst mit einer, dann mit zwei Stimmen begleiten · Taktschwerpunkt mitvollziehen

Kreistanz

Stirnkreis

Schritte in die Mitte

1 **Dicke rote Kerzen** 26 Lied singen und begleiten
2 **Song of the Heart** von Georg Deuter 27 zur Musik mit einem gebastelten Glitzerstäbchen tanzen

2. Lieb verpackte Päckchen
überall versteckt,
und die frisch gebacknen Plätzchen
wurden schon entdeckt.
Heute hats geschneit.
Macht euch jetzt bereit!

linksherum gehen

auseinander gehen

Musik kann etwas ausdrücken

1   **Kleine Meise** 💿 28   W. u. M.: Alfred Kalcher

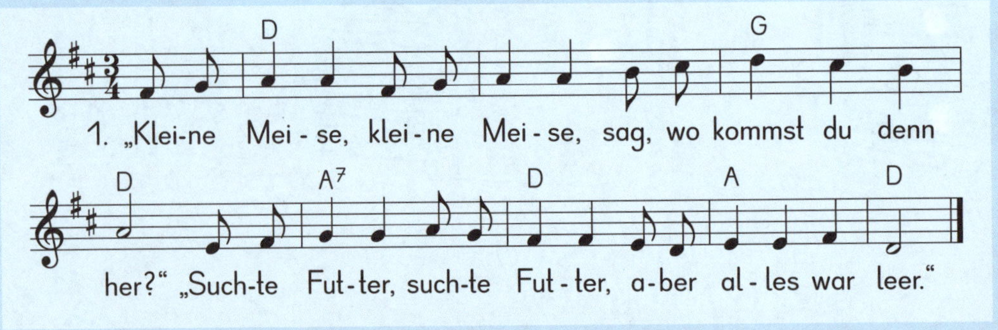

1. „Kleine Meise, kleine Meise, sag, wo kommst du denn her?" „Suchte Futter, suchte Futter, aber alles war leer."

2. „Kleine Meise, kleine Meise, und was willst du von mir?"
„Ein paar Körnchen, ein paar Körnchen, und ich dank dir dafür."

3. „Kleine Meise, kleine Meise, bitte sing mir ein Lied."
„Erst im Frühling, erst im Frühling, wenn das Schneeglöckchen blüht."

4. „Kleine Meise, kleine Meise, wohin fliegst du nun fort?"
„In mein Nestchen, in mein Nestchen, denn schön warm ist es dort."

© VEB Deutscher Verlag für Musik, Leipzig 1978

2   **Largo** 💿 29

1 **Kleine Meise** 💿 28 singen (zum Beispiel Wechselgesang)
2 selbst gebastelte Schneeflocken zum **Largo** aus **Der Winter** von Antonio Vivaldi 💿 29 spiegelbildlich tanzen lassen

3 **Musikalische Tierspuren** 💿 30, 31, 32

4										
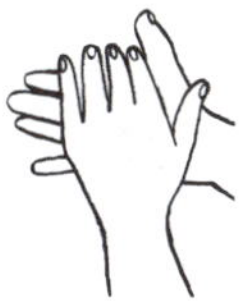 👏	Schnee	flo	cken	Schnee	flo	cken	Schnee	flo	cken	
 👣				Win		ter	Win		ter	
 ✋							Schnee	mann	bau	en

5 **Schneemann-Rap** 💿 33 **Playback** 💿 34

3 **Musikalische Tierspuren** 💿 30, 31, 32 Bewegung der Tiere in der Musik wiedererkennen und den Spuren zuordnen
4 Winterwörter rhythmisch sprechen und mit Körperinstrumenten (im Sprechrhythmus) begleiten
5 **Schneemann-Rap** 💿 33 rhythmisch sprechen und darstellen **Playback** 💿 34

Musik macht Spaß

1 Luftballon-Tanzmedley 💿 35

2 Polonaise 💿 36

1 **Luftballon-Tanzmedley** von Robby Schmitz 💿 35 mit Luftballons zur Musik bewegen
2 **Polonaise** 💿 36 Reihenbewegung durch den Raum

3 Fasching feiern wir 🎵 37

3 **Fasching feiern wir** 🎵 37   in Kreisaufstellung zur Liedmelodie von „Schön ist der Zylinderhut"
bzw. „Auf der Festung Königstein" · mit verteilten Rollen singen und spielen

Vogelstimmen

1 **Singt ein Vogel ...** 🎵 38 singen und szenisch darstellen

2 **Drei Vogelstimmen** 🎵 39 Vogelrufe unterscheiden, den Klangzeichen zuordnen und mit Stimme und Instrumenten nachahmen

3 Abzählvers

O ber pop pel Hop pel ha se hop pelt in dem Stop pel gra se,

hop pelt in das Ha sen haus, und du bist **raus**.

Janosch

Ku ckuck

4 **Der Kuckuck in der Tiefe des Waldes** 🔘 40

3 Abzählvers rhythmisch sprechen, szenisch gestalten und mit Körperinstrumenten begleiten
4 **Der Kuckuck in der Tiefe des Waldes** aus **Karneval der Tiere** von Camille Saint-Saëns 🔘 40
· im Spiel den Kuckucksruf in der Musik erkennen

Einer und alle

1 Vokal-Rap 🎵 41 Playback 🎵 42 (Ablauf: A → A → B → A)

Teil A

			A	A	A			Af · fe
Sag	mal	ein				wie		

Sag mal ein A A A wie Af·fe

Sag mal ein E E E wie E·sel.

Sag mal ein I I I wie I·gel.

Sag mal ein O O O wie O·pa.

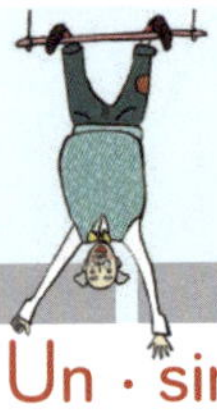

Sag mal ein U U U wie Un·sinn.

1 Vokal-Rap 🎵 41 Playback 🎵 42 Text rappen, abwechselnd EINER – ALLE · Refrainmelodie spielen

Unsinn

Teil B

Ap·fel·si·ne   A·na·nas   A·ben·teu·er und viel Spaß.

En·te und der   E·le·fant   sind uns durch das E be·kannt.

Il·tis, I C E und In·sel, wo steckt denn das I in Pin·sel?

O·ma O·pa o·der so.   Fin·dest du auch O in Mo?

U·fo, U·hu, Uhr und Kuh: Vor·ne hin·ten Mit·te U.

rote Schrift →    blaue Schrift →

29

Genau hören

1 Verkehrsgeräusche 🔘 43

3

1 **Verkehrsgeräusche** 🔘 43 Verkehrsgeräusche erkennen und nachahmen
3 selektives Hören und Richtungshören mit Qi-Gong-Kugeln

2 **Fahrradtour** 🎵 44

2 **Fahrradtour** 🎵 44   musikalische Fahrradtour pantomimisch darstellen

4 Schiffsalltag an Bord von Conquest of Paradise szenisch darstellen

Rondo

1

Im Sommer 🎵 47

    1. Im Som - mer, im Som - mer, da ist die schöns - te Zeit,
       da freun sich, da freun sich, da freun sich al - le Leut.

2. Das Lachen, das Lachen, dass muss man nur verstehn,
da muss man, da muss man sich einmal schnell umdrehn!
Und wer in diesem Kreise steht, …

2   **Eurovisionsmusik** (als Rondo) 🎵 48   **Prelude** aus dem **Te Deum** 🎵 49

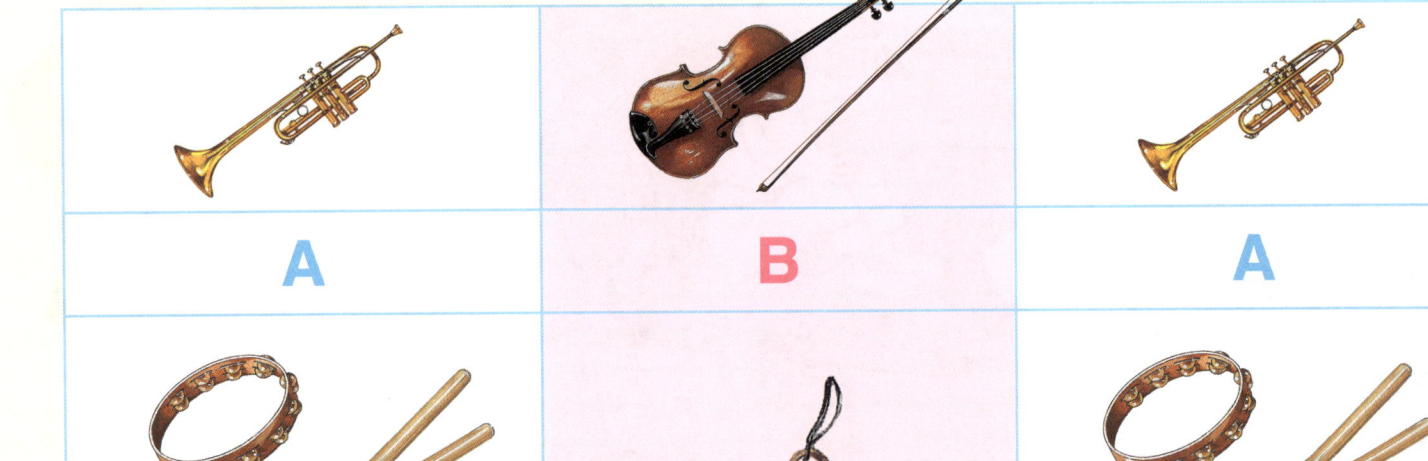

| A | B | A |

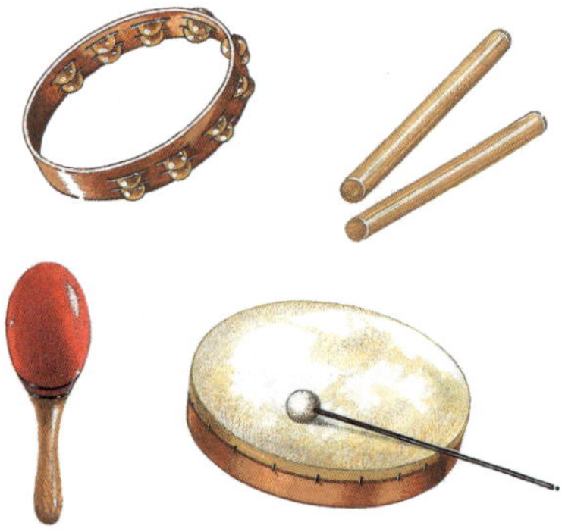

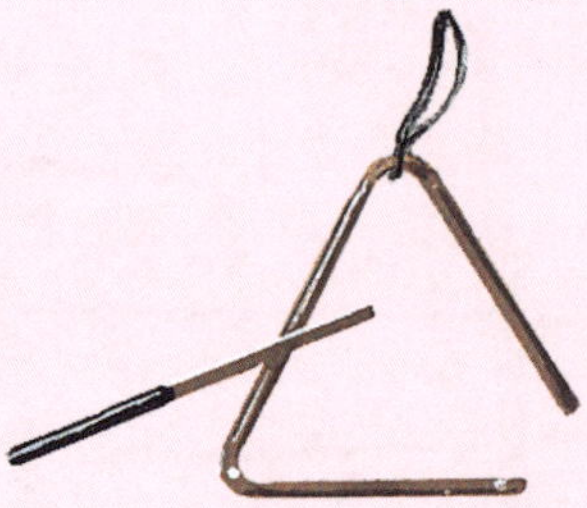

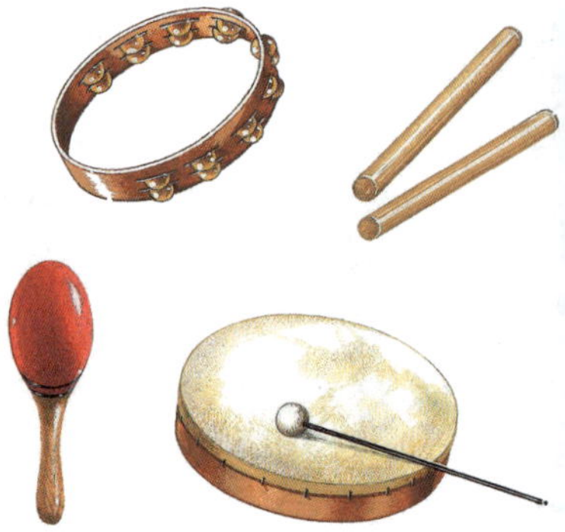

1 **Im Sommer** 🎵 47   Lied singen
2 **Eurovisionsmusik** von Marc-Antoine Charpentier (als Rondo) 🎵 48   hören
   Prelude aus dem **Te Deum** 🎵 49   Rondo nach Partitur mitspielen

Aus Österreich

Und wer in die-sem Krei-se steht, der mach es so wie ich.

C A

Musikalisches Märchen (Projekt)

1 Brüderchen, komm tanz mit mir 🔘 50   Überliefert

1. Brü-der-chen, komm tanz mit mir, bei-de Hän-de reich ich dir.
1.–3. Ein-mal hin, ein-mal her, rings-he-rum, das ist nicht schwer.

Mit dem Köpf-chen nick nick nick,
Mit den Fü-ßen trapp trapp trapp,

mit dem Fin-ger tick tick tick.
mit den Hän-den klapp klapp klapp.

Ein-mal hin, ein-mal her, rings-he-rum, das ist nicht schwer.

2 Rallalala ... 🔘 51

3 Marsch! Fort in den Wald! 🔘 52

1–6 singen, tanzen und szenisch darstellen

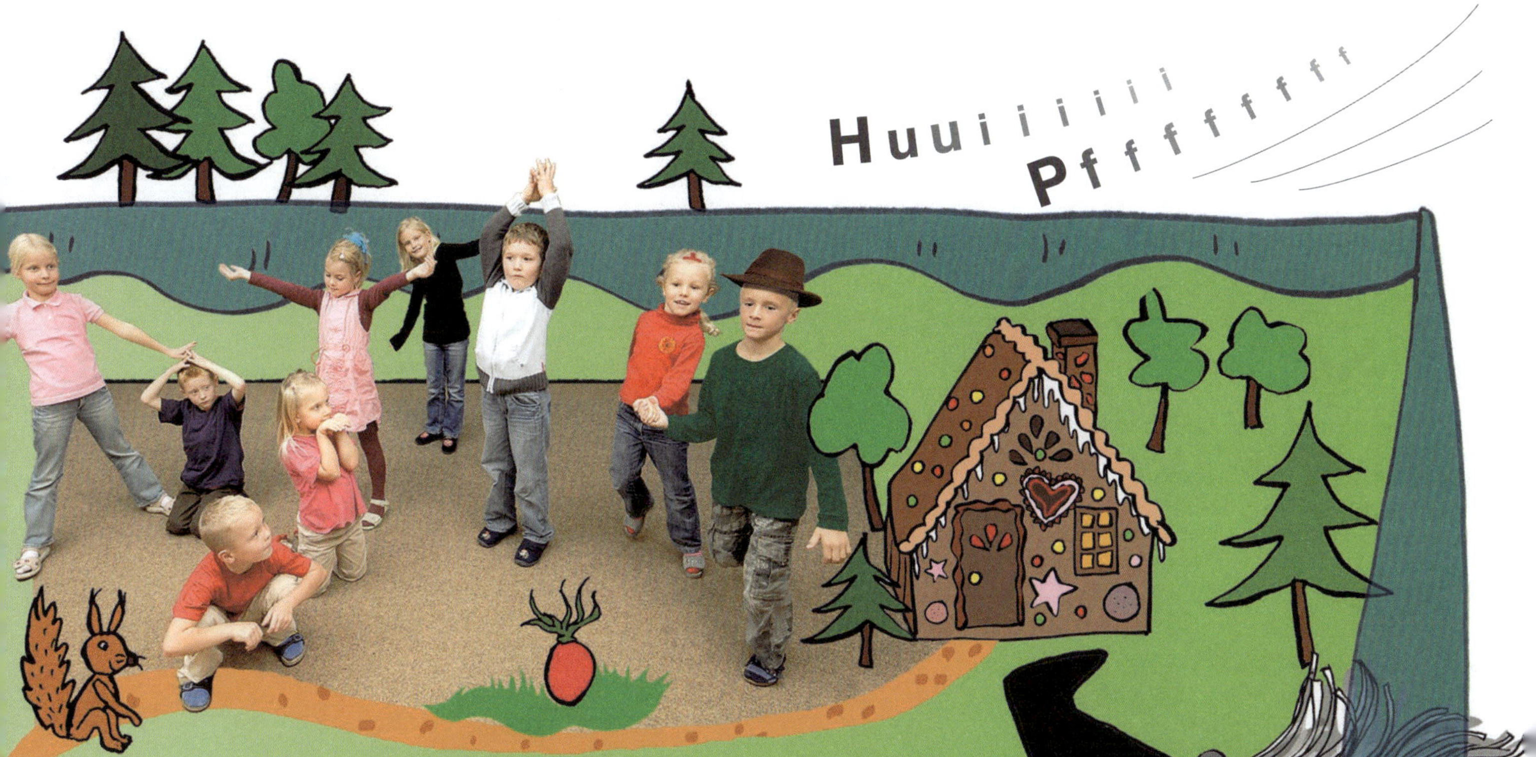
Huuiiiiii
Pffffffff

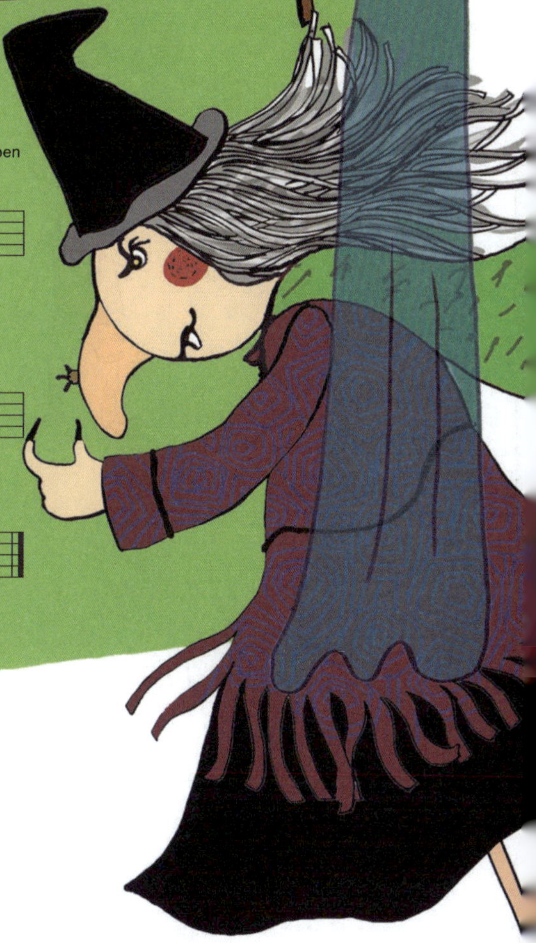

4 Ein Männlein steht im Walde 53

Vom Niederhein · W.: H. Hoffmann von Fallersleben

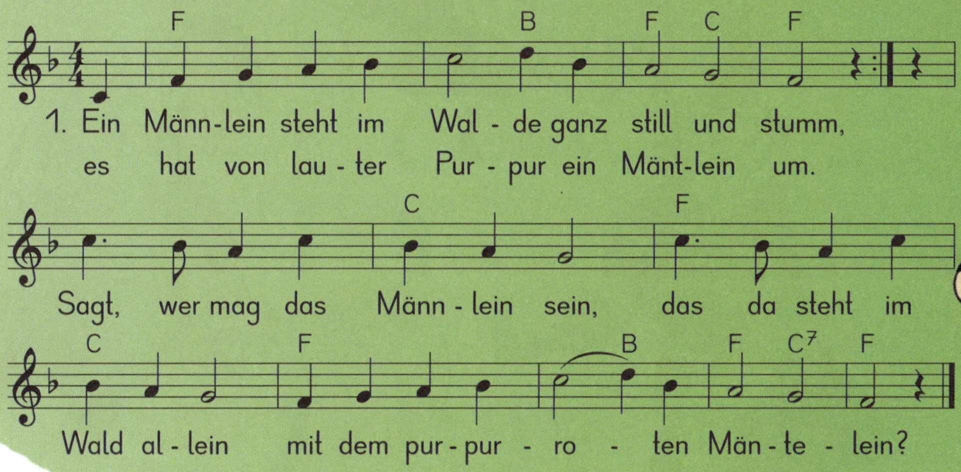
F B F C F
1. Ein Männ-lein steht im Wal - de ganz still und stumm,
es hat von lau - ter Pur - pur ein Mänt-lein um.
C F
Sagt, wer mag das Männ - lein sein, das da steht im
C F B F C7 F
Wald al - lein mit dem pur - pur - ro - ten Män - te - lein?

5 Knusper, knusper Knäuschen 54

6 Hänsel und Gretel

1. Hänsel und Gretel verliefen sich im Wald.
Dort war es finster und auch so bitterkalt.
Sie kamen an ein Häuschen, von Pfefferkuchen fein:
Wer mag der Herr wohl von diesem Häuschen sein?

2. Huhu, da schaut eine alte Hexe raus!
Sie lockt die Kinder ins Pfefferkuchenhaus.
Sie stellte sich gar freundlich, o Hänsel, welche Not!
Ihn wollt' sie braten im Ofen braun wie Brot.

3. Doch als die Hexe zum Ofen schaut hinein,
stießen hinein sie der Hans und 's Gretelein.
Die Hexe musste braten, die Kinder gehn nach Haus.
Nun ist das Märchen von Hans und Gretel aus.

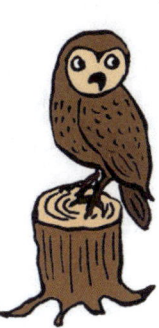

1–6 als Stabpuppenspiel einstudieren und aufführen

Unsere Stimme

Nonsensvers

 hoch / tief

 laut / leise

 langsam / schnell

 Frage / Antwort

ASEN
 DASEN
  PAPPELDEI
   KIKKI
    KAKKI
     HÜHNEREI

spricht wie:

Lockerung

„Dicke Backen"

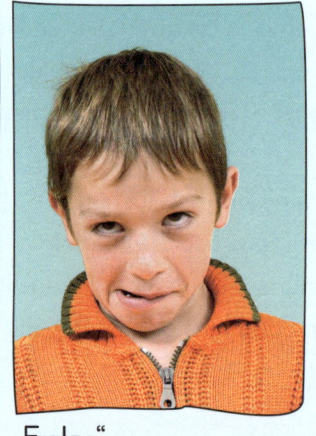
„Fratze"

„Frosch"

„Flummi"

Einatmen und ausatmen

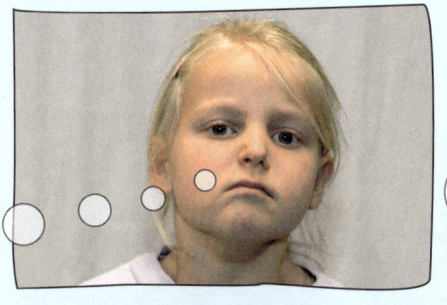

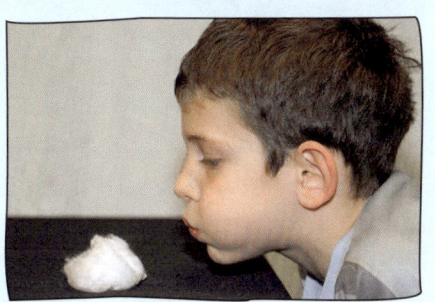

Stimmklang erfühlen

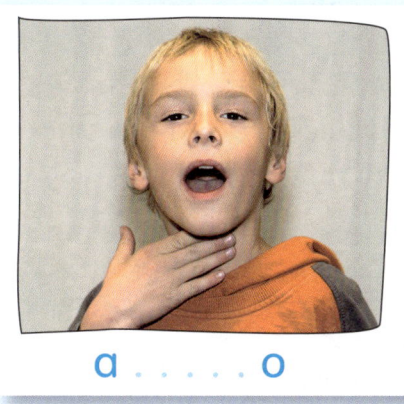

ng   a . . . . o   u . . . . m

Wir wollen heute lachen üben 55

W.: Volker Rosin · M.: Hans Vogel (gekürzt)

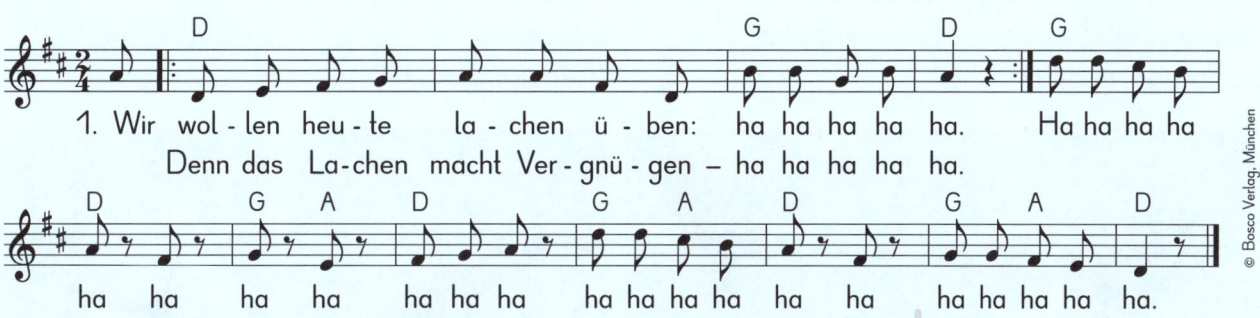

1. Wir wol-len heu-te la-chen ü-ben: ha ha ha ha ha. Ha ha ha ha ha ha ha ha ha ha ha ha ha ha ha ha ha ha ha ha.
   Denn das La-chen macht Ver-gnü-gen – ha ha ha ha ha.

2. Die Hexen auf dem Besen lachen: hi hi hi hi hi,
   kichern über böse Sachen – hi hi hi hi hi ...

3. Und jetzt so, wie's die Räuber machen: ho ho ho ho ho,
   lachen, dass die Wände krachen – ho ho ho ho ho ...

4. Und Schlossgespenster nachts im Bette: hu hu hu hu hu,
   lachen schaurig um die Wette – hu hu hu hu hu ...

Unsere Musikinstrumente

Rhythmusinstrumente

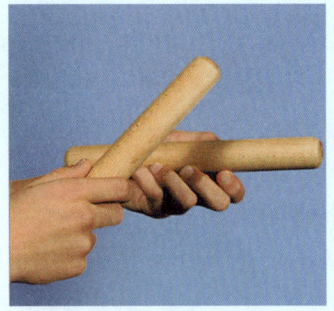
Klanghölzer (Claves)

Röhrenholztrommel (Schlitztrommel)

Holzblocktrommel

Fingerzimbeln

Hängendes Becken

Kleine Becken

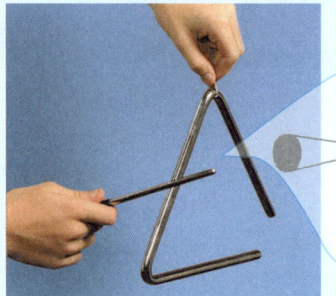
Triangel

Handtrommel (Rahmentrommel)

Kleine Pauke

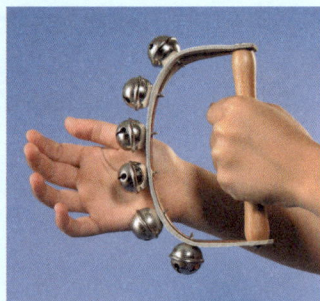
Schellenkranz (Glockenkranz)

Schellenring

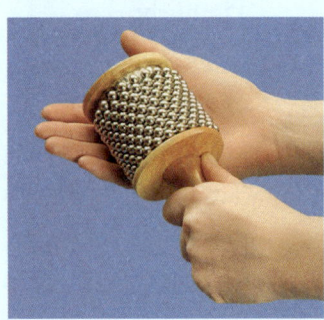
Metallrassel (Cabassa)

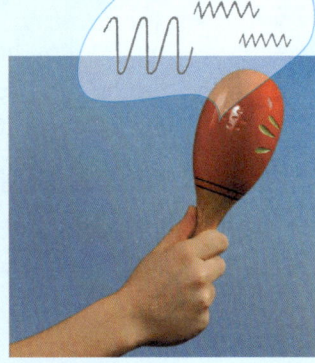
Kugelrassel (Maracas)

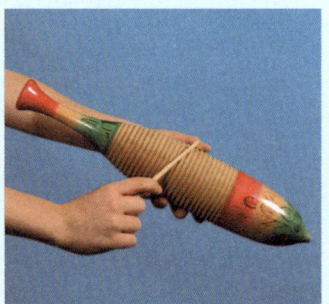
Guiro

Schütteleier (Chicken Shake)

Welche Instrumente erkennst du? 56

Bassklangstäbe und Stabspiele

Bassklangstäbe

Xylofon

Holzklangstäbe

Metallofon Metallklangstäbe

Glockenspiel

Selbst gebaute Instrumente

Rassel

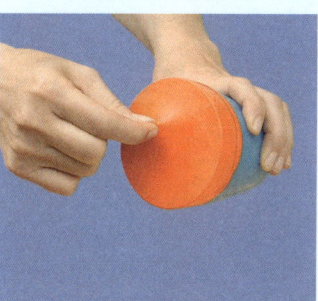
Zupftrommel

Effektinstrumente

Kazoo

Regenstab

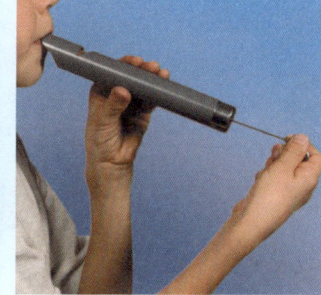
Lotusflöte

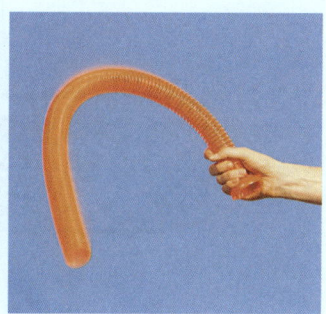
Windschlauch

Welche Instrumente musizieren miteinander? 57

Unsere Musikstunde 1

Begrüßen

Verabschieden

Abschied

Eins, zwei, drei, vier, seid ihr denn noch al-le hier?
Fünf, sechs, sie-ben, acht, jetzt wird Schluss ge-macht. Dann
kommt noch neun und zehn. Tschüss, auf Wie-der-sehn.

Hören

Zeichen geben

Musizieren mit Instrumenten

Gebundene Bewegung (Tanz)   Freie Bewegung (Tanz)

Unsere Musikstunde 2

Bewegungsspiel

Spieluhr 58

Hörspiel

Entspannung

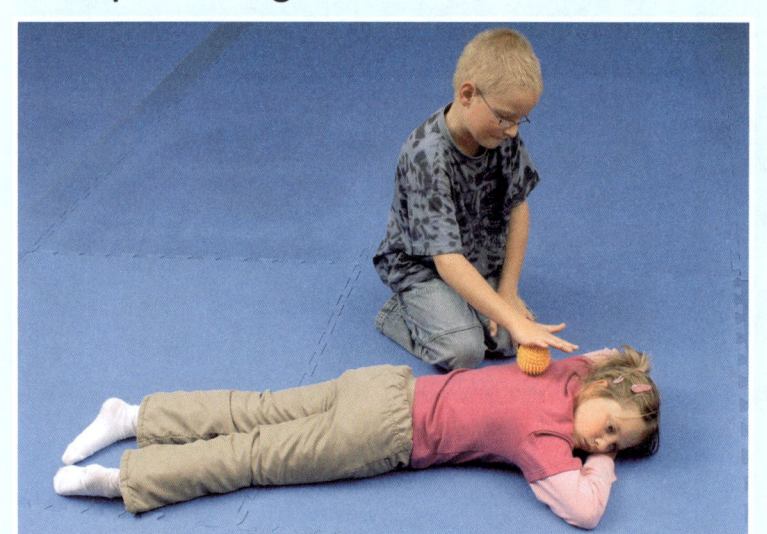

Konzentrationsspiel

W. u. M.: Evelyne Kiesling

Nehmen und geben 🎵 59

Neh-men und ge-ben, neh-men und ge-ben, neh-men und ge-ben, neh-men und ge-ben.

Klangspiel

Blockflöte

linke Hand
linker Daumen für
das hintere Griffloch

rechte Hand
rechter Daumen
als Haltestütze

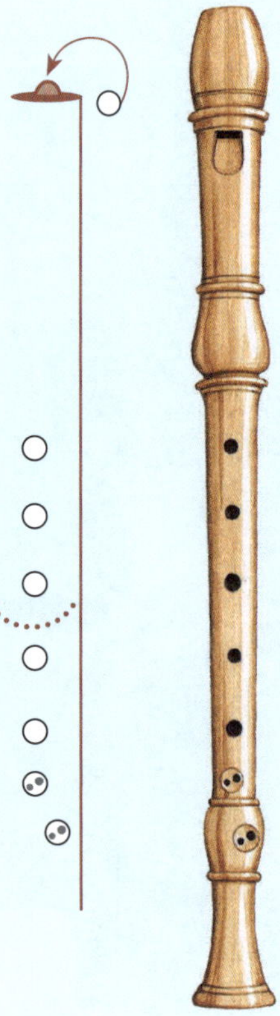

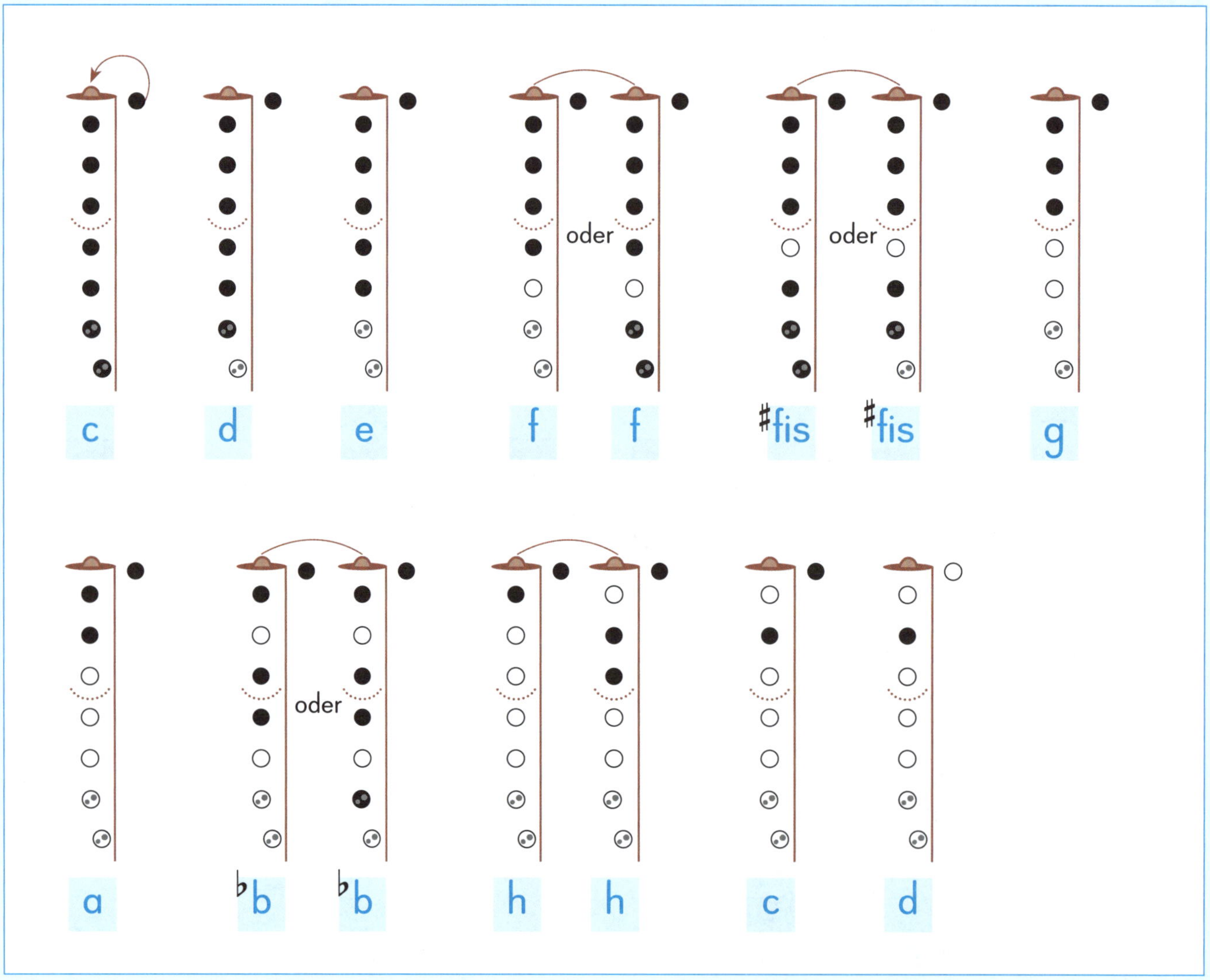

| c | d | e | f | f | #fis | #fis | g |

| a | ♭b | ♭b | h | h | c | d |

Keyboard

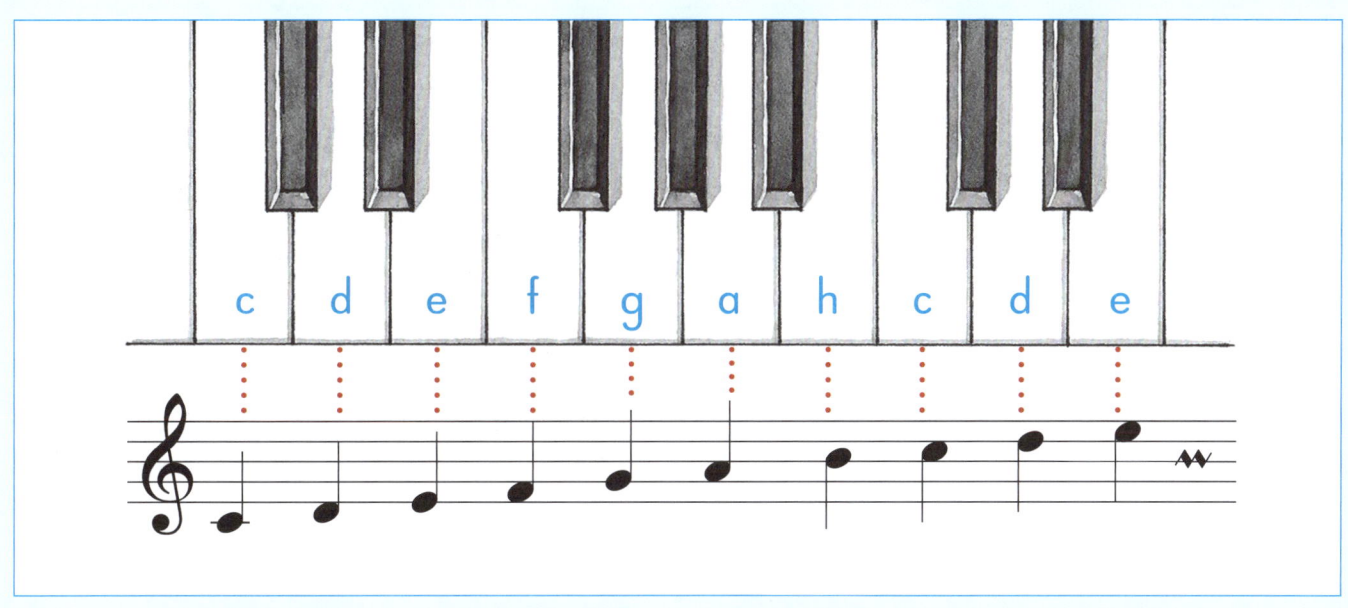
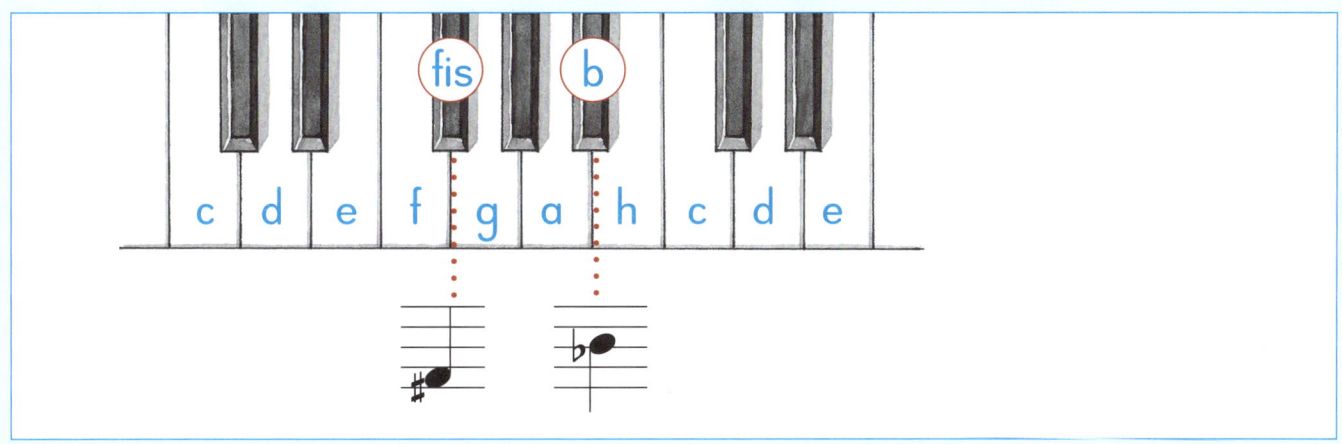

LIEDANHANG

Begrüßen und verabschieden

Guten Morgen, guten Morgen, wir nicken uns zu
Überliefert

Gu-ten Mor-gen, gu-ten Mor-gen, wir ni-cken uns zu! Gu-ten Mor-gen, gu-ten Mor-gen, erst ich und dann du!

2. … wir winken … 3. … wir lachen …

▶ Körperwahrnehmung: Hören und handeln

Guten Morgen
W. und M.: Dorothèe Kreusch-Jakob (gekürzt)
© Patmos Verlag, Düsseldorf

Gu-ten Mor-gen, gu-ten Mor-gen sagt der Him-mel zu dir. Gu-ten Mor-gen, gu-ten Mor-gen, mein Blau schenk ich dir. Gu-ten Mor-gen, gu-ten Mor-gen, mein Blau schenk ich dir.

2. Good morning, good morning sagt ein Vogel zu dir.
   ‖: Good morning, good morning, mein Lied schenk ich dir. :‖

3. Bonjour, bonjour sagt die Sonne zu dir.
   ‖: Bonjour, bonjour, mein Licht schenk ich dir. :‖

4. Günaydin, günaydin sagt die Blume zu dir.
   ‖: Günaydin, günaydin, mein Rot schenk ich dir. :‖

5. Buenos dias, buenos dias sagt der Baum zu dir.
   ‖: Buenos dias, buenos dias, mein Grün schenk ich dir. :‖

▶ Spiellied

„Guten Morgen" sagt mein Finger 🔘 60
W. und M.: Eberhard Metsch
© Eberhard Metsch

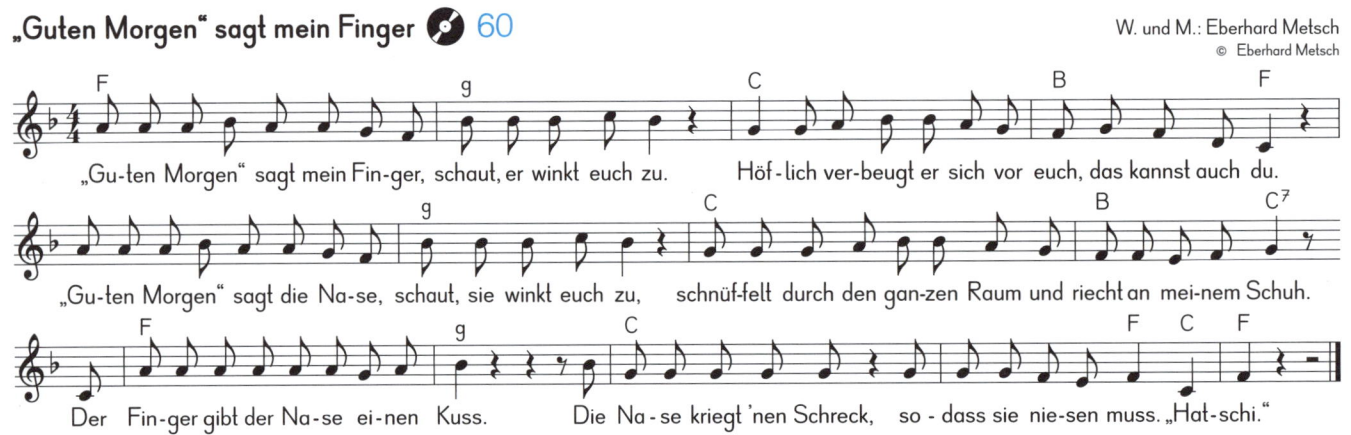

„Gu-ten Morgen" sagt mein Fin-ger, schaut, er winkt euch zu. Höf-lich ver-beugt er sich vor euch, das kannst auch du.

„Gu-ten Morgen" sagt die Na-se, schaut, sie winkt euch zu, schnüf-felt durch den gan-zen Raum und riecht an mei-nem Schuh.

Der Fin-ger gibt der Na-se ei-nen Kuss. Die Na-se kriegt 'nen Schreck, so-dass sie nie-sen muss. „Hat-schi."

▶ Bewegungs- und Spiellied

48

Ich und du

W. und M.: Wolfgang Hering
© Wolfgang Hering

Ich und du, du und ich, al - le hier im Krei - se.
Groß und klein, klein und groß sind wir jetzt ganz lei - se.
At - men aus und gehn nach Haus. Uns - re Stun - de ist jetzt aus.

▶ Partnerspiel

Abschiedslied

W. und M.: Andrea Nieswand
© Westermann Verlag, Braunschweig

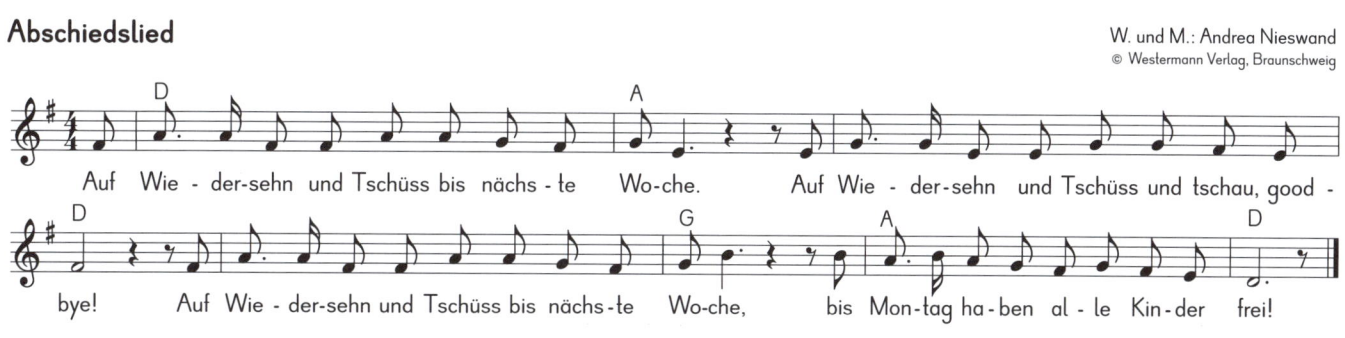

Auf Wie - der-sehn und Tschüss bis nächs - te Wo - che. Auf Wie - der-sehn und Tschüss und tschau, good - bye! Auf Wie - der-sehn und Tschüss bis nächs - te Wo - che, bis Mon - tag ha - ben al - le Kin - der frei!

▶ Spiel- und Spaßlied

Fertig, fertig

W. und M.: Gerda Bächli
© Musikverlag zum Pelikan / Hug & Co. Musikverlag, Zürich

Fer - tig, fer - tig, Schluss und aus, al - le gehn wir jetzt hi - naus.
Viel gibts noch zu sin - gen, wer - det es schon sehn, da - rum solls am Mon - tag wei - ter - gehn.

▶ Rhythmusbegleitung (zum Beispiel Trommel)

Miteinander 1

Wenn einer sagt

W. u. M.: Andreas Ebert aus „Feiert Gott in eurer Mitte"
© Hänssler-Verlag, Neuhausen-Stuttgart

La la la la la, la la la la la, la la la la la la la la la, la la la la, la la la la la, la la la la la la la. Wenn ei-ner sagt: „Ich mag dich, du, ich find dich ehr-lich gut!", dann krieg ich ei-ne Gän-se-haut und auch ein biss-chen Mut.

2. Wenn einer sagt: „Ich brauch dich, du,
 ich schaff das nicht allein",
 dann kribbelt es in meinem Bauch,
 ich fühl mich nicht mehr klein.

3. Wenn einer sagt: „Komm, geh mit mir,
 zusammen sind wir was!",
 dann werd' ich rot, weil ich mich freu',
 dann macht das Leben Spaß.

4. Gott sagt zu dir: „Ich hab dich lieb.
 Ich wär so gern dein Freund!
 Und das, was du allein nicht schaffst,
 das schaffen wir vereint."

▶ Sprechanlässe

Komm, wir wolln …

W.: Ulrike Meyerholz · M.: Wolfgang Hering
© Fidula, Boppard am Rhein

Komm, wir wolln uns heut' be-we-gen. Komm, wir wolln uns heut' be-we-gen. Komm, wir wolln uns heut' be-we-gen. Komm, mach doch ein-fach mit.

2. Komm, wir klatschen in die Hände.
3. Komm, wir machen einen Buckel.
4. Komm, wir boxen um die Wette.
5. Komm, wir schütteln uns die Hände.
6. Komm, wir stampfen mit den Füßen.
7. Komm, wir steigen hoch die Leiter.
8. Komm, wir wackeln mit den Köpfen.
9. Komm, wir grüßen eine Dame.
10. Komm, wir drehn uns um den Stuhl.
11. Komm, wir tippeln auf Zehenspitzen.

▶ Bewegungslied
(abgewandelte Form von
„Komm, wir spielen heut' Theater")

Der Zankapfel

W. u. M.: Thomas Sutter (gekürzt)
© Drei Raben Verlag, Thomas Sutter

Strophe

1. Sagt der Ap-fel zur Cle-men-ti-ne: „Iii! Du riechst wie Mar-ga-ri-ne!"
„Wenn du meinst, ich rie-che so, riecht mein Hin-tern so wie du!",
(gesprochen) sagt die Cle-men-ti-ne.

Refrain

„Hey, Ap-fel, bist du blöd! Wenn das so (gesprochen) wei-ter-geht, dann wer-den wir dich ho-len und dir den Po ver-soh-len!"

2. Sagt der Apfel zu dem Pfirsich:
„Eh, du Wabbel, ich zerquetsch dich!"
„Los, du Protz, probier es aus,
an meinem harten Kern beißt dir deine Zähne aus."
(sagt da der Pfirsich) Hey, Apfel, …

3. Sagt der Apfel zur Banane:
„Ich mach aus dir Marmelade!"
„Wenn ich in den Kochtopf muss,
mach ich aus dir Apfelmus!"
(sagt da die Banane) Hey, Apfel, …

4. Sagt auf einmal die Kartoffel:
„Zankapfel, du bist ein Stoffel!
Deine blöde Streiterei
ist zum Glück jetzt gleich vorbei."
(sagt da die Kartoffel) Hey, Apfel, …

▶ Spiellied mit verteilten Rollen

Hey, Apfel, jetzt ist Schluss!
Du redest nur noch Stuss!
Jetzt werden wir dich holen
und dir den Po versohlen.

Apfel, jetzt ist Schluss!
Apfel, jetzt ist Schluss!

Ich mag dich

W.: Rolf Kreuzer · M.: Walter Fahrenkamp
© Kaufmann Verlag, Lahr

1.–5. Ich mag dich so, ich mag dich so, ich mag dich so gut lei-den. 1. Ich win-ke dir von Wei-tem zu. Wie wär's denn mit uns bei-den? Ich bei-den?

2. Ich stell mich einfach neben dich …
3. Ich geb dir einfach meine Hand …
4. Ich lege meinen Arm um dich …
5. Ich tanze rundherum mit dir …

▶ Bewegungslied

51

Miteinander 2

Hurra, ich bin ein Schulkind W.: V. Peters (2. Liedtext) · M.: traditionell (Ein Männlein steht im Walde)
© Helbling Verlagsgesellschaft Rum / Innsbruck

▶ 1. Zeile für 1. Klasse; 2. Zeile für 2. Klasse

Lille Lise W./dt. Text: Marlies Krause · M.: Carl Michael Bellmann (gekürzt)
© Schott Music, Mainz
© für dt. Text: Autorin

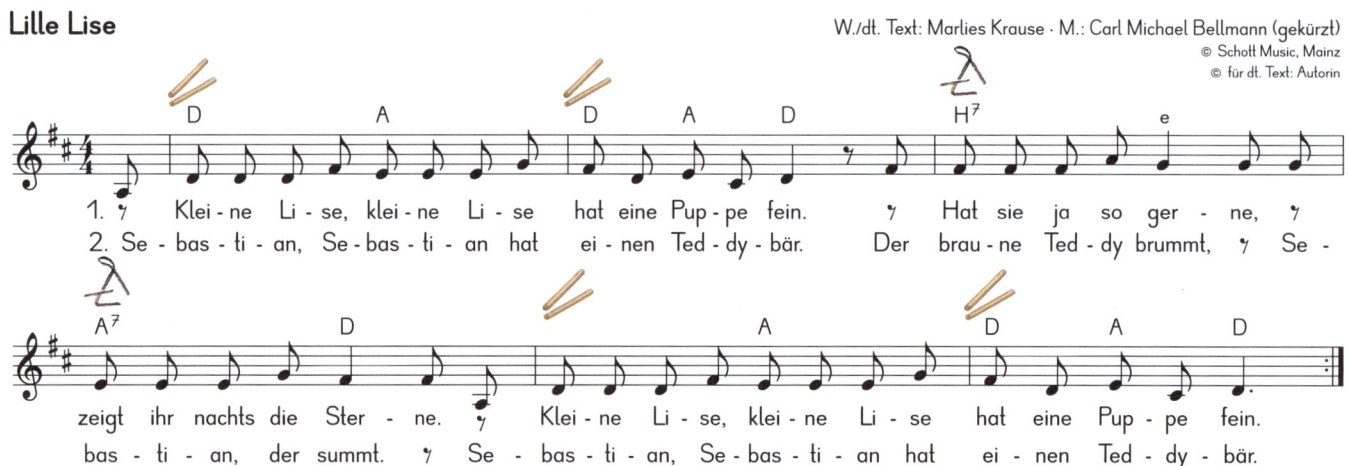

3. Cornelia, Cornelia
hat einen neuen Ball.
Der neue Ball ist rund,
der neue Ball ist bunt.
Cornelia …

4. Jessica, die Jessica
hat einen kleinen Hund.
Der kleine Hund, der bellt,
wenn die Glocke schellt.
Jessica …

5. Oliver, der Oliver
hat einen kleinen Hasen.
Der Hase frisst gern Gras,
das macht ihm richtig Spaß.
Oliver …

▶ Instrumentalbegleitung (zum Beispiel Klanghölzer, Triangel)

▶ eigene Namen einsetzen

Wir werden immer größer

W.: Volker Ludwig · M.: Birger Heymann
© Heymann und Ludwig

1. Wir werden immer größer, jeden Tag ein Stück. Wir werden immer größer, das ist ein Glück. Große bleiben gleich groß oder schrumpeln ein: Wir werden immer größer, ganz von allein!

2. Wir werden immer größer, das merkt jedes Schaf,
   wir werden immer größer, sogar im Schlaf.
   Ganz egal ob's regnet, donnert oder schneit:
   Wir werden immer größer und auch gescheit!

3. Wir werden immer größer, darin sind wir stur.
   wir werden immer größer in einer Tour.
   Auch wenn man uns einsperrt oder uns verdrischt:
   Wir werden immer größer – da hilft alles nichts!

▶ Körpergesten

Zehn kleine Fische

Überliefert
© Lugert Verlag, Oldershausen (Liedtext)

1. Zehn kleine Fische, die schwammen im Meer. Da wär' viel lieber in 'nem sagte die Mutter: „Ich warne euch sehr. Ich kleinen Teich, denn im Meer gibt es Haie, und die fressen euch gleich."
Schwapp, schwapp, schwapp, schwa-bi-du-ba, schwapp, schwapp, schwapp, schwa-bi-du.

2. Neun kleine Fische …
3. Acht kleine Fische …
4. Sieben kleine Fische …
5. Sechs kleine Fische …
6. Fünf kleine Fische …
7. Vier kleine Fische …
8. Drei kleine Fische …
9. Zwei kleine Fische …
10. Ein kleiner Fisch …

▶ Körpergesten und Zählspaß

53

Munteres Kunterbunt 1

Käsefuß

W. u. Rhythmus: Charlotte Fröhlich
© Fidula, Boppard am Rhein

Lin-ker Fuß und rech-ter Fuß, ich weiß, dass ich sie wa-schen muss.

Links und rechts ein Kä-se-fuß, ich weiß, dass ich sie wa-schen muss.

Links und auch rechts ein Stin-ke-kä-se-fuß, ich weiß doch, dass ich sie täg-lich wa-schen muss.

▶ Körperinstrumente

Wir gehn heut' auf Löwenjagd

Überliefert

Wir gehn heut' auf Lö-wen-jagd! Und wir ha-ben kei-ne Angst! Schöner Tag!

Sprechen:

Einer
Alle

Uh (Ah, Oh)! Ein Baum. Ein großer, dicker Baum:
Wir können nicht drübergehen. (*Handbewegungen*)
Wir können nicht druntergehen. (*Handbewegungen*)
Wir können nicht drum herum. (*Handbewegungen*)
WIR MÜSSEN KLETTERN! (*klettern*) **dibbe –**

Uh (Ah, Oh)! Schilf. Hohes, dichtes Schilf:
Wir können nicht drübergehen. (*Handbewegungen*)
Wir können nicht druntergehen. (*Handbewegungen*)
Wir können nicht drum herum. (*Handbewegungen*)
WIR MÜSSEN UNS DURCHKÄMPFEN! (*Handflächen und Oberkörper*) **zisch –**

Uh (Ah, Oh)! Ein Fluss. Ein breiter, reißender Fluss:
...
WIR MÜSSEN SCHWIMMEN! (*Schwimmbewegungen*) **sch –**

Uh (Ah, Oh)! Matsch. Dreckiger, glibberiger Matsch:
...
WIR MÜSSEN DURCHWATEN! (*Fußbewegungen*) **pitsch –**

Uh (Ah, Oh)! Eine Höhle. Eine dunkle, unheimliche Höhle:
...
Da ist etwas Haariges, Weiches an der Wand ... Ein LÖWE!!!!!
Schnell zurück nach Hause: durch den Matsch ... (Fluss, Schilf), ... Baum ...
Tür auf. Tür zu und Bettdecke über den Kopf! Wir gehen nie wieder auf Löwenjagd!

▶ Szenische Darstellung, Echo und Vokale U, A, O

Da hat das rote Pferd  61

Überliefert · M.: Georges Moustaki/Marguerite Angèle Mannot
(Liedmelodie bekannt durch Edith Piaf)
© Musikverlag Intersong GmbH, Hamburg

2. Da war sie wieder da und machte groß Trara,
obwohl sie doch nur eine kleine Fliege war.
Und sie sprach „Bitte sehr, ich find das gar nicht fair,
wenn du nicht aufhörst, hol ich meine Freunde her!"

▶ Szenische Darstellung

In dem Walde steht ein Haus

Überliefert

▶ Körpergesten (immer eine Geste weniger singen,
am Ende nur noch innerlich singen)

Wir tanzen Labada

Aus Polen

 Haben wir uns schon an den Händen gefasst?  Ja!

 Haben wir schon die kleinen Finger eingehakt?  Nein!

 Haben wir die kleinen Finger eingehakt?  Ja!

 Haben wir schon die Ellenbogen eingehakt?  Nein!

▶ Tanzlied in Kreisaufstellung

Munteres Kunterbunt 2

Dornröschen — Überliefert

1. Dornröschen war ein schönes Kind, schönes Kind, schönes Kind, schönes Kind.
2. „Dornröschen nimm dich ja in Acht …"
3. Da kam die böse Fee herein …
4. „Dornröschen schlafe hundert Jahr …"
5. Da wuchs die Hecke riesengroß …
6. Da kam ein junger Königssohn …
7. „Dornröschen wache wieder auf …"
8. Sie feierten das Hochzeitsfest …
9. Da jubelte das ganze Volk …
10. Und alle tanzten fröhlich mit …

▶ Spiellied

Ideen für Stimme / Körperinstrumente   **Das Waldhaus**   Ideen für Musikinstrumente

leise •∴ laut •••

patschen

Wir liegen im Waldhaus in tiefer Nacht.
Da naht ein Trappeln.
Erwacht! Erwacht!

abwechselnd links und rechts

Wolfsgeheul

Vorm Fenster stehen die Wölfe
und heulen, alle zwölfe.

mehrmals

Wolfsgeheul

Noch zwanzig kommen dazu
und helfen heulen. Hu!

mehrmals

Zähne klappern und bibbern

Jetzt sind es zweiunddreißig.
Wir zittern und bibbern fleißig.

schnell schlagen

Löwengebrüll
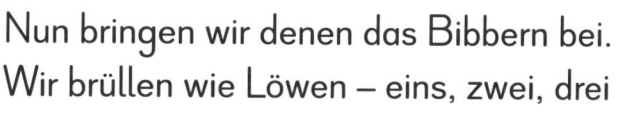

Nun bringen wir denen das Bibbern bei.
Wir brüllen wie Löwen – eins, zwei, drei!

mehrmals hintereinander

••• leise •∴
patschen

Die Wölfe fliehn in die Ferne.
Weg sind sie.
Das haben wir gerne.

laut ••• leise •∴

abwechselnd links und rechts

pfeifen
(hoch, schrill, laut)

Im Waldhaus ist es wieder still.
Nur der Wind pfeift noch,
bald leis, bald schrill.

Josef Guggenmos

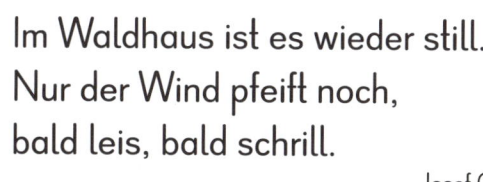

▶ Gedichtvertonung

Jahreszeiten

Alle Vögel sind schon da

W.: Heinrich Hoffmann von Fallersleben

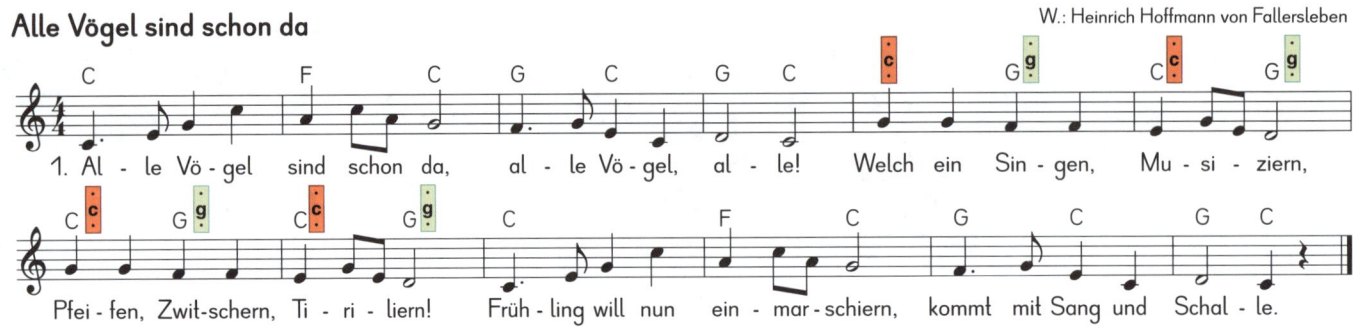

1. Alle Vögel sind schon da, alle Vögel, alle! Welch ein Singen, Musiziern, Pfeifen, Zwitschern, Tirilier'n! Frühling will nun einmarschiern, kommt mit Sang und Schalle.

2. Wie sie alle lustig sind, flink und froh sich regen!
   Amsel, Drossel, Fink und Star und die ganze Vogelschar
   wünschen dir ein frohes Jahr, lauter Heil und Segen.

3. Was sie uns verkündet nun, nehmen wir zu Herzen:
   Wir auch wollen lustig sein, lustig wie die Vögelein,
   hier und dort, feldaus, feldein, singen, springen, scherzen.

▶ Instrumentalbegleitung (Stabspiele)

Auf der Wiese 💿 62

W. u. M.: Wilfried Behrend
© Wilfried Behrend

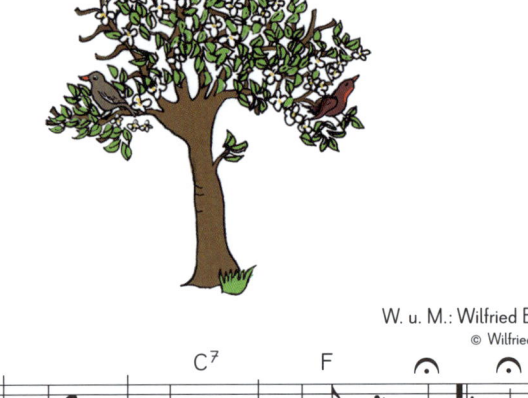

1.–3. Denkst du, auf der Wiese wächst nur Gras? Schau nur hin, dann siehst du das: 1. Da gibt es Veilchen, (Veilchen), Gänseblümchen, (Gänseblümchen), Kuhschellen, (Kuhschellen), ja! ja!

2. Da gibt es Bienen, (Bienen), Schmetterlinge, (Schmetterlinge), Grashüpfer, (Grashüpfer), ja!

3. Da gibt es Frösche, (Frösche), Regenwürmer, (Regenwürmer), Eidechsen, (Eidechsen), ja!

Da gibt es …

▶ Texte erfinden

Äpfel pflücken

Überliefert

Ich hol' mir eine Leiter und stell' sie an den Apfelbaum und steige dann gemütlich die Sprossen hoch hinauf. Ich pflücke, ich pflücke, bald über mir, bald unter mir, bald neben mir, bald hinter mir, ein ganzes Körbchen voll.

2. Ich steige immer höher und halt mich an den Zweigen fest
   und setz mich dann gemütlich auf einen dicken Ast.
   Ich schaukle, ich schaukle, di wipp di wapp, di wipp di wapp,
   di wipp di wapp, di wipp di wapp und falle nicht hinab.

▶ Körpergesten

58

Regenlied

W. u. M.: Ulrike und Bernd Meyerholz
© Meyerholz

Wir denken nicht daran, uns einen Schirm zu kaufen, wir haben Spaß daran, im Regen rum-zu-laufen. Sind wir eben pitsch-nass, sind wir eben patsch-nass.

▶ Kanon

Herbstlied

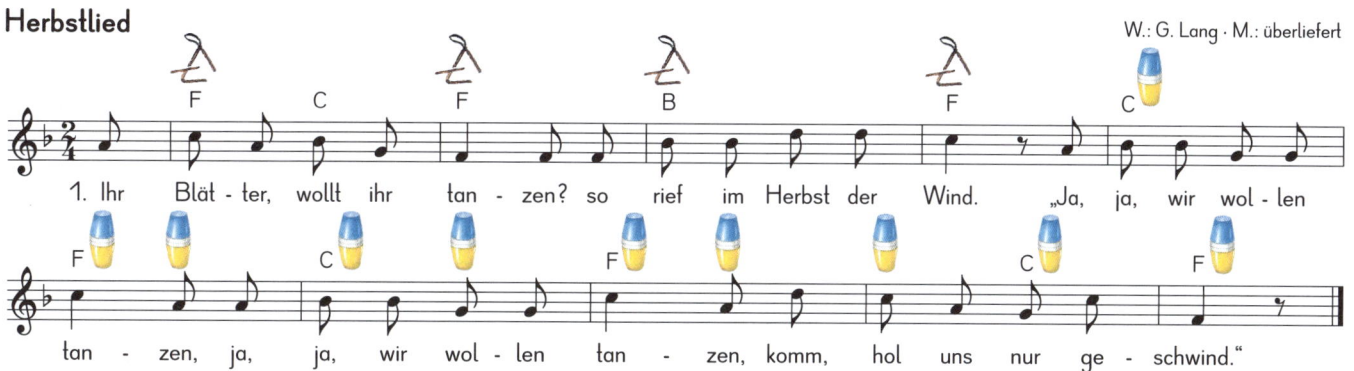

W.: G. Lang · M.: überliefert

1. Ihr Blätter, wollt ihr tanzen? so rief im Herbst der Wind. „Ja, ja, wir wollen tanzen, ja, ja, wir wollen tanzen, komm, hol uns nur geschwind."

2. Da fuhr er durch die Äste und pflückte Blatt um Blatt.
„Nun ziehen wir zum Feste, nun ziehen wir zum Feste,
nun tanzen wir uns satt."

▶ Rhythmusbegleitung (zum Beispiel Triangel, Rassel)

Schneeflöckchen, Weißröckchen

W.: nach Hedwig Haberkorn · M.: überliefert

1. Schneeflöckchen, Weißröckchen, jetzt kommst du geschneit, du wohnst in den Wolken, dein Weg ist so weit.

2. Komm, setz dich ans Fenster, du lieblicher Stern,
malst Blumen und Blätter; wir haben dich gern.

3. Schneeflöckchen, Weißröckchen, komm zu uns ins Tal;
dann baun wir den Schneemann und werfen den Ball.

▶ Szenische Darstellung

Feste

Wir feiern heut ein Fest 🎵 63

W. u. M.: Wolfgang Friedrich
© Auer Verlag GmbH, Donauwörth

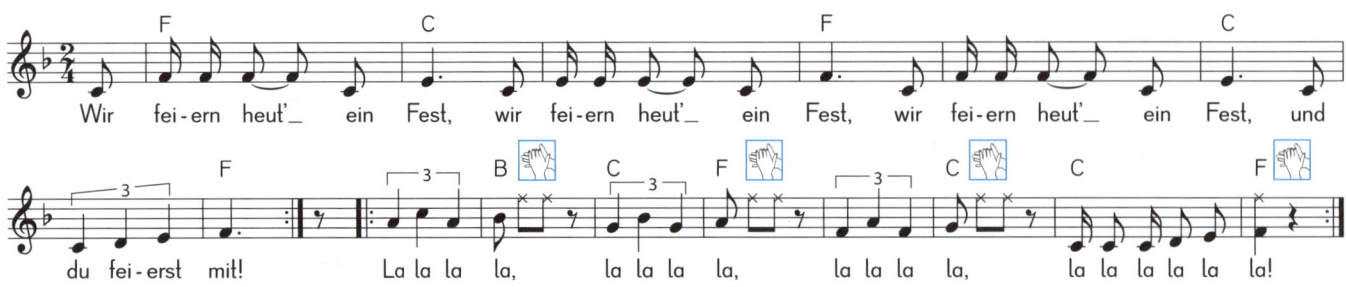

Wir fei-ern heut'_ ein Fest, wir fei-ern heut'_ ein Fest, wir fei-ern heut'_ ein Fest, und du fei-erst mit! La la la la, la la la la, la la la la, la la la la la la!

▶ Körperinstrumente (zum Beispiel klatschen)

Weil heute dein Geburtstag ist

W.: Kurt Hängekorb · M.: Siegfried Bimberg

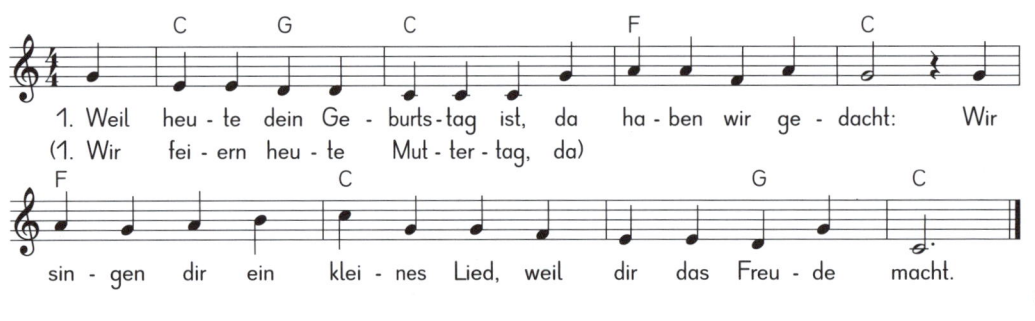

1. Weil heu-te dein Ge-burts-tag ist, da ha-ben wir ge-dacht: Wir
(1. Wir fei-ern heu-te Mut-ter-tag, da)
sin-gen dir ein klei-nes Lied, weil dir das Freu-de macht.

2. Sogar ein bunter Blumenstrauß schmückt heute deinen Tisch.
   Wenn du den Strauß ins Wasser stellst, dann bleibt er lange frisch.

3. Und wenn du einen Kuchen hast, so groß wie Mühlenstein,
   und Schokolade auch dazu, dann lad uns alle ein.

▶ Szenisches Darstellen

Am Fenster, heute morgen

Überliefert

1. Am Fens-ter, heu-te mor-gen, da piepst es oh-ne Sor-gen, die Spat-zen und die Mei-sen, ja was soll denn das hei-ßen, die Spat-zen und die Mei-sen, ja was soll denn das hei-ßen?

2. Sie haben's mir geflüstert, jetzt weiß ich's ganz genau,
   ‖: die/der … hat Geburtstag, darum der Radau. :‖

▶ Namen einsetzen

60

Lasst uns froh und munter sein

Überliefert

1. Lasst uns froh und munter sein und uns recht von Herzen freun.

1.–5. Lustig, lustig, tralleralera, bald ist Niklausabend da, bald ist Niklausabend da!

2. Dann stell ich den Teller auf, Niklaus legt gewiss was drauf.

3. Wenn ich schlaf, dann träume ich: Jetzt bringt Niklaus was für mich.

4. Wenn ich aufgestanden bin, lauf ich schnell zum Teller hin.

5. Niklaus ist ein guter Mann, dem man nicht g'nug danken kann.

▶ Spiellied

Ihr Kinderlein, kommet

W.: Christoph von Schmied · M.: Johann Abraham Peter Schulz

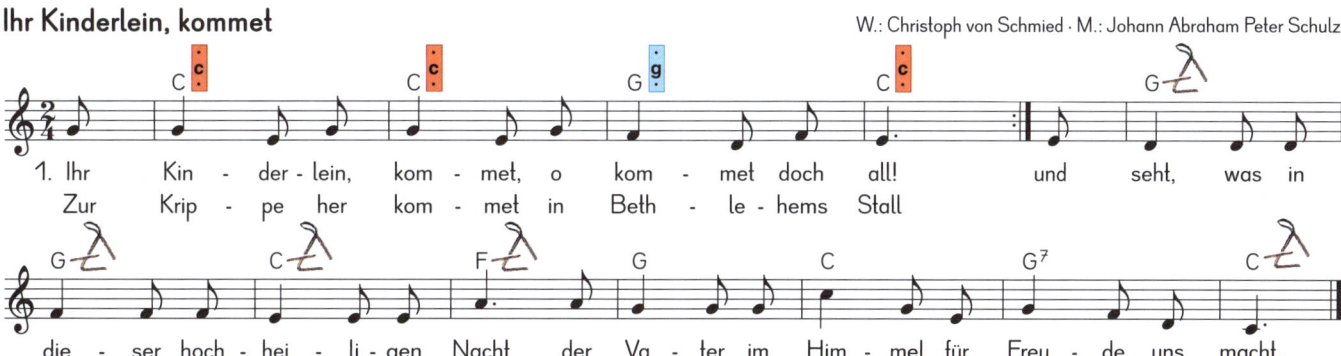

1. Ihr Kinderlein, kommet, o kommet doch all! und seht, was in
   Zur Krippe her kommet in Bethlehems Stall
   dieser hochheiligen Nacht der Vater im Himmel für Freude uns macht.

2. Da liegt es, das Kindlein, auf Heu und auf Stroh.
   Maria und Josef betrachten es froh.
   Die redlichen Hirten knien betend davor,
   hoch oben schwebt jubelnd der Engelein Chor.

3. O beugt wie die Hirten anbetend die Knie!
   Erhebet die Hände und danket wie sie!
   Stimmt freudig, ihr Kinder – wer wollt sich nicht freun –,
   stimmt freudig zum Jubel der Engel mit ein!

▶ Instrumentenbegleitung (zum Beispiel Stabspiele, Triangel)

Wisst ihr, was die Frösche

W. u. M.: Volker Rosin (gekürzt)
© Moon Records

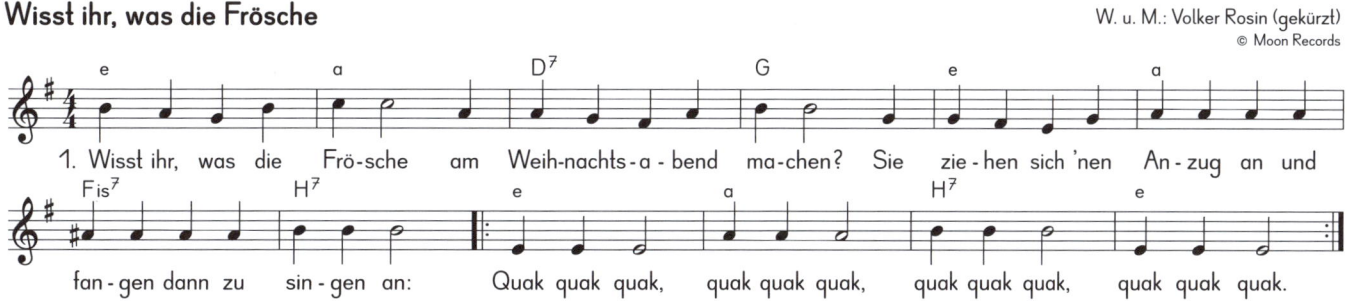

1. Wisst ihr, was die Frösche am Weihnachtsabend machen? Sie ziehen sich 'nen Anzug an und
   fangen dann zu singen an: Quak quak quak, quak quak quak, quak quak quak, quak quak quak.

2. Wisst ihr, was die Katzen
   am Weihnachtsabend machen?
   Sie sehen weiße Flocken
   und wolln am Ofen hocken:
   Miau …

3. Und die Elefanten,
   die feiern bei den Tanten.
   Sie essen aus der Schüssel,
   trompeten mit dem Rüssel:
   Täterätätä …

4. Wisst ihr, was die Fische
   am Weihnachtsabend machen?
   Sie schwimmen auf und nieder
   und blubbern Weihnachtslieder:
   Blubb …

▶ Spiellied

International

Hey, hello, bonjour
Überliefert

Hey, hel-lo, bon-jour, gu-ten Tag! Wel-come, wel-come, wel-come, wel-come! Bue-nos dí-as, bue-nos dí-as!

▶ Kanon

The Little Bell at Westminster
Aus England

The litt-le bell at West-min-ster goes ding dong ding dong dong.
It wakes the peo-ple ev'-ry day with ding dong ding dong dong.
The litt-le bell at West-min-ster goes ding dong ding.
It wakes the peo-ple ev'-ry day with ding dong ding.

▶ Körpergesten

One, two, three, four
W. u. M.: Karl-Heinz Böttcher
© Ernst Klett Verlag, Stuttgart

One, two, three, four, five, six, se-ven, eight, yeah!_ One, two, three, four, five, six, se-ven, eight, yeah!_ Nine, ten, e-le-ven, nine, ten, e-le-ven, nine, ten, e-le-ven, ooh! Twelve! Yeah, twelve! Yeah, twelve! Yeah, twelve! Yeah, twelve!

▶ Zählspaß mit Körpergesten (Hände und Füße)

Un kilomètre à pied
Aus Frankreich

1. Un ki-lo-mètre à pied, ça u-se, ça u-se. Un ki-lo-mètre à pied, ça u-se les sou-liers.

2. Deux kilomètre …   3. Trois kilomètre …   (Ein Kilometer zu Fuß, das nutzt die Sohlen ab.)

▶ Zählspaß

Tsche tsche kule

Aus Afrika

Der weiße Vogel flötete: Tsche tsche ku-le!
Der rote Vogel rief: Ko-fi sa lan-ga.
Und der grüne Vogel schnarrte: Kum a-den-de!
Der blaue Vogel sang: Tsche tsche ko-fi-nsa.
Der gelbe Vogel piepste: Ka-te tschi lan-ga.

▶ Stimmenspiel mit verteilten Rollen

Komm zu uns (Gel bize, katıl bize) 🔴 64

Dt. W.: Stephan Unterberger · Kinderreim aus der Türkei
© Helbing Verlag, Innsbruck

Komm zu uns, ach komm doch her, spiel nur mit, das ist nicht schwer.
Gel bi-ze ka-tıl bi-ze, hem o-yu-na hem sö-ze.
Lie-der sin-gen wir, oy oy, tan-zen auch gleich, loy loy!
Şar-kı söy-le-yip oy oy, oy-na-ya-lım loy loy!

Komm zu uns, ach komm doch her, … Richtungswechsel
seit – ran – seit – kick

▶ Tanzlied in Reihe

Aramsam sam

Aus Marokko

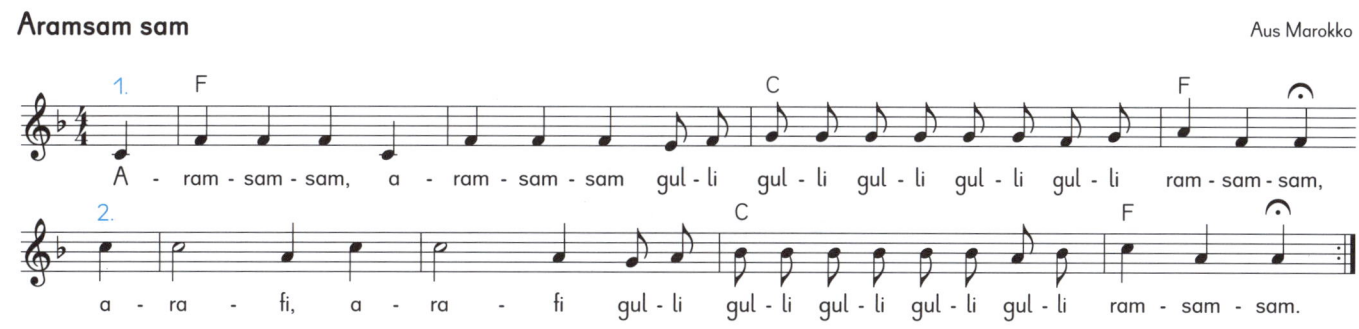

1. A-ram-sam-sam, a-ram-sam-sam gul-li gul-li gul-li gul-li gul-li ram-sam-sam,
2. a-ra-fi, a-ra-fi gul-li gul-li gul-li gul-li gul-li ram-sam-sam.

▶ Spiellied

Liedverzeichnis

A
- 49 Abschiedslied
- 58 Alle Vögel sind schon da
- 60 Am Fenster, heute morgen
- 58 Äpfel pflücken
- 63 Aramsam sam
- 58 Auf der Wiese 🎵 62

B
- 36 Brüderchen, komm tanz mit mir 🎵 50

D
- 55 Da hat das rote Pferd 🎵 61
- 6 Das Flummilied 🎵 9
- 57 Das Waldhaus
- 51 Der Zankapfel
- 20 Dicke rote Kerzen 🎵 26
- 56 Dornröschen
- 17 Durch die Straßen 🎵 21

E
- 37 Ein Männlein steht im Walde 🎵 53

F
- 49 Fertig, fertig

G
- 48 Guten Morgen
- 48 Guten Morgen, guten Morgen
- 48 „Guten Morgen" sagt mein Finger 🎵 60

H
- 59 Herbstlied
- 12 Herr Laut ging mal spazieren 🎵 12
- 62 Hey, hello, bonjour
- 52 Hurra, ich bin ein Schulkind

I
- 51 Ich mag dich
- 49 Ich und du
- 61 Ihr Kinderlein, kommet
- 34 Im Sommer 🎵 47
- 55 In dem Walde steht ein Haus

K
- 22 Kleine Meise 🎵 22
- 50 Komm, wir wolln …
- 63 Komm zu uns 🎵 64

L
- 61 Lasst uns froh und munter sein
- 16 Leuchte mir, Laterne 🎵 20
- 52 Lille Lise

M
- 11 Mit der Bummelbahn 🎵 13

N
- 45 Nehmen und geben 🎵 59

O
- 62 One, two, three, four

R
- 59 Regenlied

S
- 59 Schneeflöckchen, Weißröckchen
- 26 Singt ein Vogel im Märzenwald 🎵 38

T
- 62 The Little Bell at Westminster
- 63 Tsche tsche kule

U
- 62 Un kilomètre à pied

V
- 28 Vokal-Rap 🎵 41/Pb 🎵 42
- 14 Vom Himmel fällt der Regen 🎵 18
- 19 Von Westminster die Glocken klingen 🎵 25

W
- 60 Weil heute dein Geburtstag ist
- 50 Wenn einer sagt
- 54 Wir gehn heut' auf Löwenjagd
- 60 Wir feiern heut ein Fest 🎵 63
- 32 Wir segeln übers weite Meer 🎵 46
- 55 Wir tanzen Labada
- 53 Wir werden immer größer
- 39 Wir wollen heute lachen üben 🎵 55
- 61 Wisst ihr, was die Frösche

Z
- 53 Zehn kleine Fische

Abzählvers
- 27 Oberpoppel

Rhythmusstücke
- 54 Käsefuß

Sprechverse
- 42 Abschied
- 15 Regentag 🎵 19
- 23 Schneeflocken

Hörspaziergang 🎵 65, 66

Suchbild Im Park